Sophia Will

Trends für Jugendsprachreisen

Wie sich Unternehmen im Jugendsprachreisemarkt zukunftsfähig aufstellen können

Schriftenreihe der School of International Business
Internationaler Studiengang für Tourismusmanagement (ISTM)

Herausgegeben von Felix Bernhard Herle

Band 12

SCHRIFTENREIHE DER SCHOOL OF INTERNATIONAL BUSINESS
Internationaler Studiengang für Tourismusmanagement (ISTM)

Herausgegeben von Felix Bernhard Herle

ISSN 1863-9798

4   *Felix Bernhard Herle*
      Strategische Planung grenzenloser Destinationen
      Vertikale und branchenübergreifende Erweiterung Touristischer Regionen
      ISBN 978-3-89821-908-2

5   *Birte Heidbreder*
      Gütesiegel zur Einflussnahme auf die touristische Entwicklung einer Destination
      Erfolgsanalyse des CST Costa Ricas für nachhaltigen Tourismus
      ISBN 978-3-89821-986-0

6   *Linda von Nerée*
      Das touristische Potential Hamburgs für chinesische Europa-Reisende
      Eine Bestandsanalyse mit konkreten Veränderungsvorschlägen
      ISBN 978-3-89821-780-4

7   *Joana Heinemann*
      Mountainbike-Tourismus im Wettbewerb
      Zielgruppenorientierte Optimierung von Packages im Destinationsmarketing
      ISBN 978-3-8382-0167-2

8   *Tina Böttinger*
      Die Entwicklung der Erlebnisorientierung
      Status quo und Perspektiven in der Kreuzfahrt- und Themenparkbranche
      ISBN 978-3-8382-0259-4

9   *Moritz Busch*
      Kooperationspotenziale von Lufthansa und Germanwings aus Konsumentenperspektive
      Eine Untersuchung zu Einflussfaktoren auf die konsumentenperspektivische Akzeptanz von Kooperationen konträrer Geschäftsmodelle
      ISBN 978-3-8382-0456-7

10   *Stefanie Schmaus*
      A Brand Identity for the Frisian Wadden Sea
      Destination Branding on the Basis of Destination Image Analysis
      ISBN 978-3-8382-0490-1

11   *Maike Radermacher*
      Musizierende Jugend auf Reisen
      Konzeptentwicklung einer Musik-Reise für den deutschen Jugendreisemarkt
      ISBN 978-3-8382-0527-1

12   *Sophia Will*
      Trends für Jugendsprachreisen
      Wie sich Unternehmen im Jugendsprachreisemarkt zukunftsfähig aufstellen können
      ISBN 978-3-8382-0659-2

Sophia Will

TRENDS FÜR JUGENDSPRACHREISEN

Wie sich Unternehmen im Jugendsprachreisemarkt zukunftsfähig aufstellen können

Schriftenreihe der School of International Business
Internationaler Studiengang für Tourismusmanagement (ISTM)

Herausgegeben von Felix Bernhard Herle

Band 12

ibidem-Verlag
Stuttgart

Bibliografische Information der Deutschen Nationalbibliothek
Die Deutsche Nationalbibliothek verzeichnet diese Publikation in der Deutschen Nationalbibliografie; detaillierte bibliografische Daten sind im Internet über http://dnb.d-nb.de abrufbar.

Bibliographic information published by the Deutsche Nationalbibliothek
Die Deutsche Nationalbibliothek lists this publication in the Deutsche Nationalbibliografie; detailed bibliographic data are available in the Internet at http://dnb.d-nb.de.

Coverabbildung: Students and Staff, Offaehrte Sprachreisen. Abdruck mit freundlicher Genehmigung.

∞

Gedruckt auf alterungsbeständigem, säurefreien Papier
Printed on acid-free paper

ISSN: 1863-9798

ISBN-13: 978-3-8382-0659-2

© *ibidem*-Verlag

Stuttgart 2014

Alle Rechte vorbehalten

Das Werk einschließlich aller seiner Teile ist urheberrechtlich geschützt. Jede Verwertung außerhalb der engen Grenzen des Urheberrechtsgesetzes ist ohne Zustimmung des Verlages unzulässig und strafbar. Dies gilt insbesondere für Vervielfältigungen, Übersetzungen, Mikroverfilmungen und elektronische Speicherformen sowie die Einspeicherung und Verarbeitung in elektronischen Systemen.

All rights reserved. No part of this publication may be reproduced, stored in or introduced into a retrieval system, or transmitted, in any form, or by any means (electronic, mechanical, photocopying, recording or otherwise) without the prior written permission of the publisher. Any person who does any unauthorized act in relation to this publication may be liable to criminal prosecution and civil claims for damages.

Printed in Germany

Zusammenfassung

Die Jugendsprachreise gehört zu einer vergleichsweise neuen, aber dennoch mittlerweile etablierten Reiseform für Kinder, Jugendliche und junge Erwachsene. Dieser Beitrag gibt einen Überblick über die wichtigsten Begriffe im Zusammenhang mit der Thematik, stellt beispielhaft den Reiseveranstalter Offaehrte Sprachreisen im Kurzprofil dar und erstellt mit Hilfe des Modells des Szenario-Managements und weiteren Trendforschungsmethoden mögliche Zukunftsszenarien mit Bedeutung für den Jugendsprachreisemarkt. Anschließend werden auf dieser Grundlage mögliche zukünftige Entwicklungen für Jugendsprachreisen, Produktideen und Handlungsempfehlungen für den Reiseveranstalter Offaehrte Sprachreisen abgeleitet.

Abstract

Language holidays for young people belong to a rather new but by now established form of travel for kids, teenagers and young adults. This paper gives an overview about important terms used in this content, presents the tour operator Offaehrte Sprachreisen in a brief matter and creates possible future scenarios for the market of language holidays for young people with the help of the Scenario Management Model and other trend research methods. On this basis, potential future developments for language travel for young people were derived from the results of the study, new product ideas were created and recommendations for action for the tour operator Offaehrte Sprachreisen were expressed.

Inhaltsverzeichnis

Abbildungsverzeichnis 11

Tabellenverzeichnis 12

1. Einleitung 13

2. Definitionen und Begriffsabgrenzung 15
   2.1. Jugendsprachreisen 15
   2.2. Trend 20
      2.1.1. Metatrends 22
      2.1.2. Megatrends 22
      2.1.3. Soziokulturelle Trends 22
      2.1.4. Consumer-Trends/Konsumenten-Trends 23
      2.1.5. Branchentrends 23
      2.1.6. Produkt-Trends 23
   2.3. Trendforschung 24
   2.4. Handlungsempfehlungen 25

3. Methoden 27
   3.1. Modell des Szenario-Managements 27
   3.2. System der Zukunftsfaktoren 36
   3.3. Szenario-Trichter 37
   3.4. Brainstorming 38
   3.5. Literaturrecherche 39
   3.6. Qualitative Inhaltsanalyse der Literatur 39

4. Darstellung Offaehrte Sprachreisen 41
   4.1. Angebotsübersicht im Segment Jugendsprachreisen 41
   4.2. Teilnehmerprofil 45

5. Trendforschung für Jugendsprachreisen auf Basis des Phasenmodells ... 51
   5.1. Szenario-Vorbereitung ... 52
   5.2. Szenariofeld-Analyse ... 53
      5.2.1. Einflussmatrix ... 54
      5.2.2. Relevanzmatrix ... 55
      5.2.3. Ranglisten ... 56
      5.2.4. System Grid ... 60
      5.2.5. Definition der Schlüsselfaktoren ... 62
   5.3. Szenario-Prognostik ... 69
      5.3.1. Neo-Ökologie ... 70
      5.3.2. Peer Education ... 73
      5.3.3. Erlebnisorientierung ... 75
      5.3.4. Individualisierung ... 76
      5.3.5. Augmented Outdoor ... 78
      5.3.6. Gesundheit ... 80
   5.4. Szenario-Bildung ... 81
      5.4.1. Konsistenzmatrix ... 82
      5.4.2. Scree Diagram ... 86
      5.4.3. Clusterung ... 86
      5.4.4. Projektionsausprägungen ... 87
      5.4.5. Szenario-Beschreibung ... 90
   5.5. Szenario-Transfer ... 94
      5.5.1. Auswirkungsanalyse ... 94
      5.5.2. Szenario-Bewertung ... 100

6. Handlungsempfehlungen für Offaehrte Sprachreisen 103
   6.1. Szenarien 1, 2 und 3: Bausteine, Buchungsablauf, Themenreisen und Sport 104
   6.2. Szenarien 1 und 3: Ernährung, Green Camp und Fußabdruckrechner 107
   6.3. Szenario 1: Fahrrad, Apps, Survival-Kurs und Geocaching 110
   6.4. Szenario 3: Projekte und Praktika 112
   6.5. Szenarien 2 und 3: Transparenz 113
   6.6. Weitere Handlungsempfehlungen 113

7. Fazit 115

Literaturverzeichnis i

Anhangsverzeichnis v

Anhang vi

Abkürzungsverzeichnis

aengl.	altenglisch
bzw.	beziehungsweise
ca.	circa
d.h.	das heißt
engl.	englisch
et al.	und andere
e.V.	eingetragener Verein
f	folgende Seite
ff	folgende Seiten
FDSV	Fachverband Deutscher Sprachreiseveranstalter
i.e.S.	im eigentlichen Sinne
Jhd.	Jahrhundert
Jmdm.	Jemandem
Nr.	Nummer
o.Ä.	oder Ähnliche(s)
OECD	Organisation for Economic Co-Operation and Development (Organisation für wirtschaftliche Zusammenarbeit und Entwicklung)
o.J.	ohne Jahr
S.	Seite
vgl.	vergleiche
z.B.	zum Beispiel

Abbildungsverzeichnis

Abbildung 1: Trendarten 21
Abbildung 2: Beispielhafte Einflussmatrix 29
Abbildung 3: Beispielhafte Relevanzmatrix 30
Abbildung 4: Beispielhaftes System Grid 31
Abbildung 5: Beispielhafte Konsistenzmatrix 34
Abbildung 6: Beispielhafte Ausprägungsliste 35
Abbildung 7: Zufriedenheit mit Urlaubsaspekten 47
Abbildung 8: Wichtigkeit und Zufriedenheit übergeordneter Kriterien
Offaehrte 2012 49
Abbildung 9: Übersicht Phasenmodell 52
Abbildung 10: System Grid 60
Abbildung 11: Szenario-Trichter 70
Abbildung 12: Konsistenzmatrix 84
Abbildung 13: Scree Diagram 86
Abbildung 14: Clusterung 87
Abbildung 15: Wahrscheinlichkeits-Auswirkungsmatrix 101

Tabellenverzeichnis

Tabelle 1: Reisebestandteile Jugendsprachreise 19
Tabelle 2: Übersicht ‚Specials'-Angebote von Offaehrte 43
Tabelle 3: Offaehrte Themenreisen 44
Tabelle 4: Relevanzsummen 57
Tabelle 5: Aktivsummen 58
Tabelle 6: Rangliste Passivsummen 59
Tabelle 7: Bezeichnungen der Zukunftsprojektionen 82
Tabelle 8: Ausprägungsliste 88
Tabelle 9: Auswirkungsmatrix 95
Tabelle 10: Beispiel Brainstorming zur Ideenfindung 96
Tabelle 11: Ideenübersicht Szenario 1 97
Tabelle 12: Ideenübersicht Szenario 2 99
Tabelle 13: Ideenübersicht Szenario 3 100

1. Einleitung

Der weltberühmte Physiker Albert Einstein hat einmal gesagt:

„Ich sorge mich nie um die Zukunft. Sie kommt früh genug."

Würden sich alle Menschen an diese Lebensweisheit halten, gäbe es wohl keine Trendforschung. Offensichtlich haben sich die ersten Trendforscher aber eher danach gerichtet, was der französische Schriftsteller Victor Hugo zu sagen hatte:

„Die Zukunft hat viele Namen: Für Schwache ist sie das Unerreichbare, für die Furchtsamen das Unbekannte, für die Mutigen die Chance."

Die Trendforschung ist ein Instrument, um die Zukunft vorauszuahnen, sich darauf einstellen und alle sich ergebenden Chancen nutzen zu können.

Die vorliegende Studie zeigt, wie man die Zukunft mit Hilfe von Trendforschung vorausahnen kann. Ziel der Studie ist es, unter Anwendung verschiedener Trendforschungsmethoden Zukunftsszenarien zu entwickeln, um darauf aufbauend Handlungsempfehlungen abzuleiten, die auf Jugendsprachreisen für den Reiseveranstalter Offaehrte anwendbar sind.

Jugendsprachreisen wurden als Untersuchungsgegenstand gewählt, da es zu dieser Thematik kaum wissenschaftliche Literatur gibt. Schriften beschränken sich meist auf Jugend, Jugendreisen oder Sprachreisen; Jugendsprachreisen spielen oft eine untergeordnete Rolle. Diese Studie fokussiert sich auf Jugendsprachreisen, um auch dieser Thematik gerecht zu werden, und klammert die anderen oben genannten Bereiche aus. Der Reiseveranstalter Offaehrte Sprachreisen dient für diese Studie als Forschungsobjekt und Beispiel für einen typischen Reiseveranstalter im Segment der Jugendsprachreisen sowie als freier Partner, für den die Handlungsempfehlungen zur Produktgenerierung und Strategieausrichtung erstellt werden.

Zu Beginn der weiteren Ausführungen werden zunächst die für die Arbeit wichtigsten Begriffe – Jugendsprachreisen, Trends, Trendforschung und Handlungsempfehlungen – definiert. Zunächst wird ein einheitliches Verständnis für die verwendeten Begriffe geschaffen, um Missverständnisse hinsichtlich der Bezeichnungen zu vermeiden. Im Anschluss daran werden alle Methoden vorgestellt, die im Rahmen der vorliegenden Trendforschung zur Erstellung der Zukunftsszenarien genutzt wurden. Diese Präsentation der Methoden ist wichtig, um die einzelnen Methoden zu erläutern und ihren Zusammenhang untereinander darzustellen.

Im Folgenden wird eine Übersicht über das Angebot und das Teilnehmerprofil des Reiseveranstalters Offaehrte Sprachreisen gegeben. Das nächste Kapitel stellt den Hauptteil der Studie, die durchgeführte Trendforschung mit ihren gesamten Bestandteilen, dar. Abgeschlossen wird mit Handlungsempfehlungen für den Reiseveranstalter Offaehrte Sprachreisen, die auf den Ergebnissen der Trendforschung aufbauen.

Insgesamt soll der vorliegende Beitrag mögliche Entwicklungen für den Jugendsprachreisemarkt aufzeigen, auf die sich Reiseveranstalter dieses Segments vorbereiten sollten.

2. Definitionen und Begriffsabgrenzung

Diese Studie befasst sich mit dem Thema der Trendforschung für Jugendsprachreisen und soll abschließende Handlungsempfehlungen für einen Reiseveranstalter von Jugendsprachreisen aussprechen, die auf den Ergebnissen der durchgeführten Analyse beruhen. Für ein einheitliches Verständnis werden im Folgenden die verwendeten und grundlegenden Begriffe (Jugendsprachreisen, Trendforschung und Handlungsempfehlungen) definiert.

2.1. Jugendsprachreisen

Der Begriff Jugendsprachreisen hat in der Literatur keine einheitliche oder klar abgrenzbare Definition. Es lassen sich aber Einzeldefinitionen für die Begriffe der Jugendreise und der Sprachreise finden, welche im Folgenden dargestellt werden, um abschließend zu einer eigenen Definition von Jugendsprachreisen zu gelangen.

Jugendreisen werden unter anderem definiert als „auf die Zielgruppe Jugendlicher abgestimmtes besonderes Reiseangebot kommerzieller Reiseveranstalter" (Schroeder 2002, S. 191). Generell kann man unter Jugendreisen also alle Arten von Reisen von Jugendlichen oder auch jungen Erwachsenen verstehen. Diese Definition ist unabhängig von Zielregion, Dauer oder Form der Reise. Jugendreisen können demnach sowohl Klassenfahrten oder Zeltlager als auch Abireisen, Partyreisen, Standurlaube, Erlebnisreisen, Sportreisen, Sprachreisen oder Fernreisen sein. Im Prinzip sind auf Grundlage der Definition von Schroeder alle Reiseformen möglich. Die Abgrenzung zu ‚regulären' Reiseangeboten, also Reisen für Erwachsene, liegt folglich nicht in der Art der Reise, sondern im Alter der Teilnehmer, obwohl dieses in der gegebenen Definition nicht dargelegt oder näher spezifiziert wird.

Auffällig bei der von Schroeder gelieferten Definition ist, dass der Begriff ‚Jugend' (bzw. jugendlich) zwar genutzt, selbst aber nicht näher definiert wird, obwohl er gleichzeitig verschiedene Interpretationsmöglichkeiten beinhaltet. Niederbach und Zimmermann beschreiben die Jugend beispielsweise als „Lebensphase, in der die Bevormundungen der Kindheit allmählich entfallen, die eigene Existenz aber noch nicht letztverantwortlich selber gestaltet und gesichert werden muss" (Niederbacher et al. 2011, S. 134). In dieser Definition wird aber erneut keinerlei Altersangabe in Bezug auf den Abschnitt der Jugend gemacht. Bei Hurrelmann und Quenzel beginnt die Jugend mit dem Eintritt in die Pubertät und endet, wenn eine Person jene Phase der Persönlichkeitsfindung abgeschlossen hat und ein bestimmtes Maß an Selbstständigkeit aufweisen kann (vgl. Hurrelmann et al. 2012). Auch hier werden keinerlei spezifische Altersangaben gemacht. Bezieht man sich im weiteren Verlauf auf das im deutschen Sprachgebrauch häufig genutzte Synonym für Jugendliche, nämlich Teenager, und bezieht dabei den englischen Ursprung des Wortes in die Überlegungen mit ein, erstreckt sich die Jugendphase vom 13. bis zum 19. Lebensjahr (Wortendungen der englischen Zahlen: 13 = thir*teen* bis 19 = nine*teen*). Gleichzeitig gilt aber das 18. Lebensjahr als der Beginn der Volljährigkeit und des Erwachsenendaseins. Hier endet auch die – zumindest gesetzliche – Bevormundung durch die Eltern. Nach Betrachtung all dieser Grundlagen wird deutlich, dass es keine einheitliche Abgrenzung der Jugend bzw. Eingrenzung des Jugendalters gibt.

Da es also keine einheitliche Begrenzung für die Lebensphase der Jugend zu geben scheint, ist auch eine Abgrenzung von Jugendreisen zu anderen Reisearten in Abhängigkeit vom Alter schwierig. Es ist folglich notwendig, den Untersuchungsgegenstand der Jugendsprachreise für den jeweiligen Zweck und im Zuge dessen auch für diese Studie in Bezug auf das Alter der Jugendlichen genau zu definieren und die getroffene Auswahl zu begründen.

Die Jugendreise scheint sich also nicht ausschließlich durch das Alter der Zielgruppe von ‚regulären' Pauschalreiseangeboten abzugrenzen. Besonders im Fokus liegen bei Jugendreisen beispielsweise laut Rogl nicht das perfekte Hotel und die komfortable Anreise, sondern das exklusive Gruppenerlebnis und eine professionelle Betreuung (vgl. Rogl 2012, S. 255). Diese Aspekte scheinen den Hauptreiz einer Jugendreise auszumachen.

Für den Begriff Sprachreisen gibt es verschiedene Definitionen, wie beispielsweise:

„Produkte von Spezialreise-Veranstaltern; sie werden in Form von Pauschalreisen angeboten. Man unterscheidet nach Schüler- und Erwachsenen-Sprachreisen. Mit speziellen Jugendreisen-Angeboten bieten die Sprachreiseveranstalter Ergänzung zum Fremdsprachenunterricht in den Schulen an. Exkursionen und Freizeitprogramme sind dabei stets Bestandteil. Bei den Erwachsenen-Sprachreisen reicht das Angebot vom touristischen Aufenthalt mit sprachlichem Beiprogramm bis zum hochintensiven Einzeltraining." (Schroeder 2002, S. 303)

Der FDSV definiert eine Sprachreise wie folgt:

„Die normale Sprachreise verbindet stets das Angenehme mit dem Nützlichen; sie verbindet Entspannung, Sightseeing und kulturelle Exploration mit einem lebensnahen und methodisch ausgereiften Fremdsprachenunterricht, der durch qualifizierte ‚native speakers' und zum Teil auch durch besonders dafür geschulte deutsche Lehrer erteilt wird. Das Sprichwort ‚Reisen bildet' – hier gilt es noch, sowohl in sprachlicher als auch in allgemein kultureller Hinsicht." (Fachverband Deutscher Sprachreiseveranstalter e.V. o.J., S. 7)

Grundsätzlich geht es also darum, „eine Reise ins Ausland zu unternehmen, um eine Sprache zu erlernen oder die eigenen Fähigkeiten zu verbessern" (Giese 2012, S. 108). Eine Sprachreise scheint laut der oben genannten Definitionen auch immer die beiden Reisebestandteile des Sprachunterrichts und der Freizeitgestaltung zu beinhalten. Ob und wenn ja um welche Kriterien diese beiden Aspekte dann noch erweitert werden können, bleibt in den Beschreibungen dennoch offen.

Laut FDSV beträgt die durchschnittliche Dauer einer Sprachreise 2,08 Wochen (Fachverband Deutscher Sprachreiseveranstalter e.V. 2013), wobei bei Fernreisezielen die Aufenthaltsdauer oft länger ist.

Ferner geht der FDSV von ungefähr 140 Sprachreiseveranstaltern in Deutschland aus, von denen aber nur ca. 70 professionelle Veranstalter dem deutschen Reiserecht unterliegen (Fachverband Deutscher Sprachreiseveranstalter e.V. 2013a). Die meisten dieser Anbieter bieten sowohl Sprachreisen für Jugendliche als auch für Erwachsene an. Oft werden auch noch andere Reisearten, wie beispielsweise Highschool-Aufenthalte, Jugendreisen, Work-and-Travel-Aufenthalte, Au-pair-Aufenthalte, Abireisen, Volunteer-Jahre und viele weitere Angebote, vertrieben.

Zugleich hat der FDSV eine ungefähre Anzahl von 160.000 Sprachreisen pro Jahr aus Deutschland heraus ermittelt (Fachverband Deutscher Sprachreiseveranstalter e.V. 2013a). Hiervon wurden im Jahr 2012 46,72% von Jugendlichen im Alter von 13 bis 17 Jahren unternommen (Fachverband Deutscher Sprachreiseveranstalter e.V. 2013). Das entspricht ungefähr 75.200 Sprachreisen. Im Vergleich zu den anderen aufgelisteten Altersgruppen bilden die Jugendlichen in dieser Gruppe mit Abstand den größten Anteil der Sprachreisenden.

Kombiniert man nun die gewonnenen Erkenntnisse aus dem Bereich der Jugendreisen und der Sprachreisen, wie sie in den vorangegangenen Abschnitten beschrieben wurden, kann man Jugendsprachreisen allgemein definieren als:

> Eine betreute Reise Jugendlicher ins Ausland, um dort eine Sprache zu erlernen bzw. Sprachkenntnisse zu verbessern, kombiniert mit einem vielschichtigen Freizeitprogramm, wobei der Sprachunterricht hierbei an spezialisierten Sprachschulen stattfindet.

Jugendsprachreisen zeichnen sich also, wie auch andere Jugendreisen, durch eine intensive und umfangreiche Betreuung der Reiseteilnehmer außerhalb des Sprachunterrichts aus und grenzen sich unter anderem durch diesen Aspekt von Sprachreisen für Erwachsene ab. Gleichzeitig stehen Jugendsprachreisen trotz intensiven Sprachunterrichts aber nicht in Konkurrenz zur normalen Schule. Sie sind auch keine Wunderwaffe gegen schlechte Noten. Bei einer Jugendsprachreise geht es darum, bereits erlerntes Wissen über eine Sprache zu erweitern und vor allem in der Praxis anzuwenden. Außerdem spielt die Erweiterung des Horizontes durch das Entdecken einer anderen Kultur, Sprache oder Lebensweise eine große Rolle, da hier soziale Kompetenzen gefördert werden, die in der regulären Schule nicht unterrichtet werden können.

Betrachtet man die Angebote verschiedener Reiseveranstalter für Jugendsprachreisen wird deutlich, dass sich das Produkt der Jugendsprachreise normalerweise aus verschiedenen Elementen zusammensetzt. Hierbei sind nicht immer alle Elemente im Reisepreis inklusive. Das heißt, verschiedene Elemente können optional gebucht werden und sind variabel. Folgend werden die einzelnen Reisebestandteile von Jugendsprachreisen aufgelistet, wie sie bei vielen Reiseveranstaltern angeboten werden (vgl. Thebing Travel Group GmbH 2013; Team! Sprachen & Reisen GmbH 2013; Sprachcaffe Reisen GmbH 2013; Offaehrte Sprachreisen – IP International Projects GmbH 2013; iSt Internationale Sprach- und Studienreisen GmbH 2013):

- Organisierte und betreute An- und Abreise mit unterschiedlichen Verkehrsmitteln, meist Bus oder Flugzeug.
- Unterkunft bei einer Gastfamilie, im Internat bzw. College, d.h. auf dem Campus, teilweise auch in eigenen Wohnungen (nur bei älteren Teilnehmern, normalerweise ab 16 Jahre) in Einzel-, Doppel- oder Mehrbettzimmern.

- Verpflegung (buchbar je nach Veranstalter als Selbstverpflegung, Frühstück, Halb- oder Vollpension).
- Sprachkurs (die Anzahl und Dauer der einzelnen Unterrichtsstunden variiert hierbei stark, liegt aber oft im Bereich von 20-30 Stunden pro Woche und 45-60 Minuten pro Stunde); der Sprachkurs findet meist bei Muttersprachlern statt.
- Freizeitprogramm (von kurzen Nachmittags- und Abendprogrammen über Halb- und Ganztagsausflüge bis hin zu Wochenendausflügen; das Freizeitprogramm kann hier abhängig von den einzelnen Angeboten im Preis inklusive oder optional hinzubuchbar sein, ist aber grundsätzlich betreut, meist in der Zielsprache und reicht von Sightseeing über Sportangebote bis hin zu Kulturkursen).

Die folgende Tabelle stellt die einzelnen Hauptbestandteile einer Jugendsprachreise mit verschiedenen möglichen Buchungsoptionen in einer Übersicht dar.

Tabelle 1: Reisebestandteile Jugendsprachreise

An-/ Abreise	Unterkunft	Verpflegung	Zimmer	Unterricht	Freizeit
Auto	Wohnung	Frühstück	Einzelzimmer	Einzelunterricht	Halbtagsausflug
Flugzeug	Gastfamilie	Vollpension	Doppelzimmer	Gruppenunterricht	Ganztagsausflug
Bus	Internat (Campus)	Halbpension	Mehrbettzimmer	Grundkurse	Wochenendausflug
	Zelt	Selbstverpflegung		Intensivkurse	Abendprogramm
				Wochenstunden	Sport
					Kultur
					Essen
					Feiern
					Besichtigungen

Quelle: Eigene Darstellung

Die Tabelle stellt verschiedene einzelne Reisebestandteile dar, die häufig im Angebot von Jugendsprachreisen vorkommen. Sie soll dennoch lediglich dazu dienen, einen Überblick über die wichtigsten Reisebestandteile zu liefern und erhebt keinen Anspruch auf Vollständigkeit, vor allem in Bezug auf die einzelnen aufgelisteten Unterpunkte.

Wie in diesem Kapitel deutlich wird, ist der Jugendsprachreisemarkt ein umfangreicher Markt mit vielen Einzelbestandteilen. Für eine scharfe Abgrenzung des Jugendsprachreisemarktes zu anderen Sprachreisen wird er im Rahmen dieser Studie auf den Altersrahmen von Jugendlichen zwischen 13 bis 17 Jahren begrenzt. Dies hat zum einen den Grund, dass dieser Altersrahmen in allen genannten Definitionen über Jugend mit einbezogen wird, und zum anderen, dass interne Unterteilungen von Reiseveranstaltern oft diese Altersbegrenzung nutzen. So ist diese Einteilung auch beim Reiseveranstalter Offaehrte Sprachreisen üblich.

Im Rahmen dieser Studie wird die Jugendsprachreise folglich definiert als:

> Eine betreute Reise Jugendlicher im Alter von 13-17 Jahren ins Ausland, um dort Sprachkenntnisse zu erlangen bzw. zu verbessern, verknüpft mit verschiedenen Reisebestandteilen, meist bestehend aus An- und Abreise, Unterkunft, Verpflegung, Sprachunterricht und Freizeitangebot, wobei sich diese in ihrer Art und Ausprägung unterscheiden können.

2.2. Trend

Der Begriff Trend ist zwar im alltäglichen deutschen Sprachgebrauch weit verbreitet, er hat aber verschiedene Bedeutungen. Im Duden Herkunftswörterbuch wird der Begriff beschrieben als:

> „Das Substantiv, dessen Bedeutung mit ‚Grundrichtung einer statistisch erfassten Entwicklung, [wirtschaftliche] Entwicklungstendenz' wiedergegeben werden kann, wurde im 20. Jhd. aus gleichbedeutend engl. *trend* entlehnt, das zu engl. *to trend* ‚sich neigen, sich erstrecken, in einer bestimmten Richtung verlaufen' gehört (<aengl. *trendan* in der Zusammensetzung *fortrendan* ‚durch Davonrollen eines Steins verschließen')." (Dudenredaktion 2001, S. 863)

Der Brockhaus bietet zwei verschiedene Definitionen für den Begriff Trend. Hier gilt ein Trend in der Statistik als „die Grundrichtung oder Entwicklungstendenz einer geordneten Reihe, meist einer Zeitreihe" (Brockhaus 1993, S. 343), in den Sozialwissenschaften als „allgemeine Bezeichnung für die Ausbildung einer bestimmten Richtung des Verhaltens oder des Verlaufs einer Entwicklung (z.B. Mode, politische Präferenzen): i.e.S. die Grundrichtung einer in bestimmten Zeiteinheiten feststellbaren Entwicklung" (Brockhaus 1993, S. 343). Zusammengefasst beschreibt ein Trend laut dieser drei Definitionen also eine Entwicklung in eine bestimmte Richtung.

In Bezug auf die Trendforschung beschreiben Trends ebenfalls eine Entwicklung in eine bestimmte Richtung. Hierbei ist aber vor allem wichtig, dass Trends keine kurzzeitige Erscheinung sind, sondern langfristige Verläufe, die sich in die Zukunft erstrecken, deren Ausprägungen aber bereits in der Gegenwart sichtbar sind. Diese Ausprägungen sind das, was die Trendforschung erarbeitet, um dann die verschiedenen möglichen Zukunftsszenarien zu entwickeln. Eine detailliertere Beschreibung hierzu findet sich in Kapitel 2.3. Allgemein haben Trends dennoch verschiedene Ausprägungen und können von unterschiedlicher Tragweite und Dauer sein. Abbildung 1 beschreibt eine Unterteilung von Trends in unterschiedliche Arten.

Abbildung 1: Trendarten

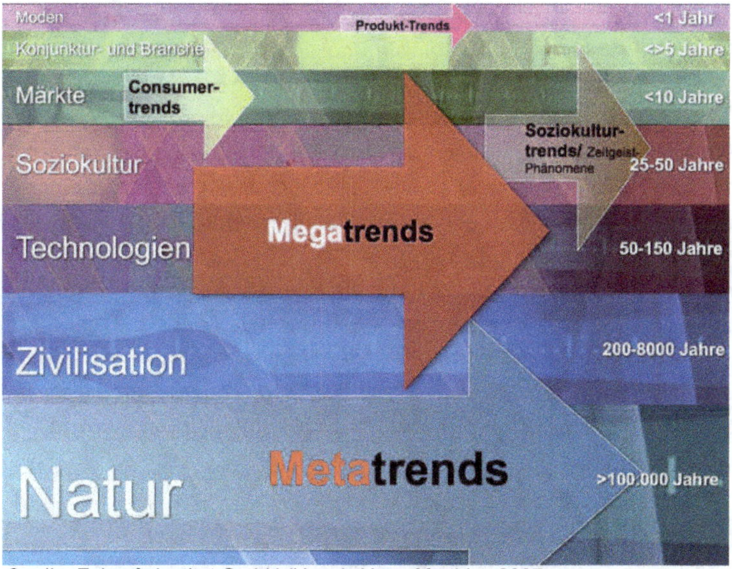

Quelle: Zukunftsinstitut GmbH (Hrsg.); Horx, Matthias 2007a

Wie in der Abbildung zu erkennen, gibt es verschiedene Trendarten, die von unterschiedlicher Dauer sind und sich auf verschiedene Lebensbereiche auswirken. Im Folgenden werden diese einzelnen in der Abbildung zu findenden Trendarten kurz beschrieben.

2.1.1. Metatrends

„In der Ebene der Natur finden in Jahrmillionen-Abständen Auf- und Abschwünge von Spezies und Ökologien statt. Die Metatrends sind die evolutionären Konstanten in der Natur." (Zukunftsinstitut GmbH 2013a)

Metatrends haben einen globalen Charakter und sind sozusagen die Grundlage, auf der sich unsere Welt entwickelt. Sie haben eine Halbwertszeit von mehr als 100.000 Jahren und zeigen sich in Natur und Zivilisation.

2.1.2. Megatrends

Laut Horx (vgl. Horx Zukunftsinstitut GmbH 2010) muss ein Megatrend drei Voraussetzungen erfüllen, um als solcher zu gelten: Die Halbwertszeit des Trends muss mindestens 50 Jahre betragen, er muss alle Lebensbereiche beeinflussen, und er muss einen globalen Charakter haben, auch wenn er nicht überall auf der Welt gleichzeitig auftritt und gleich stark ausgeprägt ist. Beispiele für Megatrends sind Urbanisierung oder Globalisierung. Bei diesen beiden Megatrends wird deutlich, dass alle drei genannten Voraussetzungen erfüllt werden. Die Urbanisierung bzw. Verstädterung ist ein weltweites Phänomen, auch wenn sie nicht überall auf der Welt gleichzeitig begann oder gleich weit fortgeschritten ist. Außerdem verändert sich durch die Urbanisierung die allgemeine Lebensweise der Menschen, da das Leben in der Stadt andere Merkmale aufweist als das auf dem Land. Dies beschreibt einen weiteren wichtigen Aspekt von Megatrends, nämlich dass sie großen Einfluss auf alle Bereiche des Lebens haben und auch andere Trends beeinflussen (vgl. Bovenkerk 2006, S. 43). Die Urbanisierung beeinflusst beispielsweise den Trend der Mobilität, da in der Stadt andere Voraussetzungen bezüglich unterschiedlicher Transportoptionen herrschen, als dies auf dem Land der Fall ist.

2.1.3. Soziokulturelle Trends

Nach Horx (Horx Zukunftsinstitut GmbH 2010) sind soziokulturelle Trends all solche Trends, die vom Lebensgefühl der Menschen im sozialen und technischen Wandel geprägt werden. Wie auch in Abbildung 1 deutlich wird, schlagen sie sich nicht nur im Bereich der Technik und Soziokultur nieder, sondern haben auch Einfluss auf Branchen und Märkte. Ein Beispiel für einen soziokulturellen Trend ist der Wellness-Trend.

2.1.4. Consumer-Trends/Konsumenten-Trends

Konsumenten-Trends sind Trends, die das Kaufverhalten von Menschen beeinflussen und Auswirkungen auf Marketing- und Produktkonzeptionen haben (Gausemeier et al. 2009). Laut Bovenkerk (2006) stehen diese Trends im Vordergrund bei der Trendforschung, da es die Trends sind, welche das Interesse, das Kaufverhalten und die Bedürfnisse der Kunden widerspiegeln und deswegen eine große Bedeutung für Unternehmen haben. Hier kann als Beispiel der ‚Geiz ist geil'-Trend genannt werden.

2.1.5. Branchentrends

Branchentrends werden zwar in Abbildung 1 nicht dargestellt, kommen aber in der Literatur häufig vor und sollen deswegen an dieser Stelle ebenfalls beschrieben werden. Nichtsdestotrotz gehen die Beschreibungen des Begriffs auseinander. Horx beschreibt Branchentrends beispielsweise als „Entwicklungen, die besonders in einer Branche dominant sind" (Horx Zukunftsinstitut GmbH 2010). Bei Gausemeier werden sie beschrieben als „Ableitungen von Megatrends und Konsumententrends, die das Geschäft von morgen einer Branche stark beeinflussen" (Gausemeier et al. 2009, S. 112), und Bovenkerk schreibt: „Branchentrends zeigen, wo neue Branchen entstehen und wo ihre Anforderungen und Potenziale sind" (Bovenkerk 2006, S. 31). Klar wird aber, dass Branchentrends wichtig für Unternehmen und deren Positionierung auf dem Markt sind.

2.1.6. Produkt-Trends

Produkt-Trends sind relativ kurzfristige Trends, die die Eigenschaften von Produkten, ihre Funktionen oder ihr Design betreffen (vgl. Bovenkerk 2006). Produkt-Trends spiegeln sich häufig in der Modewelt wider, wenn beispielsweise eine bestimmte Farbe für eine bestimmte Saision besonders häufig genutzt wird. Aufgrund ihrer extrem kurzen Halbwertszeit könnten Produkt-Trends in diesem Fall auch eher als ‚Moden' beschrieben werden, da eine kurze Halbwertszeit dem Grundverständnis der Trenddefinition widerspricht. Da Produkt-Trends sich aber nicht unbedingt auf eine Saison beschränken lassen und die Halbwertszeit somit unterschiedlich lang sein kann, sollten sie in jedem Fall beachtet werden, da sie für Unternehmen eine große Rolle spielen können.

2.3. Trendforschung

Wie der Gebrauch des Begriffs Trend ist auch die Nutzung des Begriffs Trendforschung nicht einheitlich. Dies liegt unter anderem daran, dass es viele verschiedene Trendforschungsunternehmen oder -institute gibt, die mit Hilfe unterschiedlichster Methoden Trends erforschen. Auch die Tatsache, dass es Trends in vielen verschiedenen Ausprägungen bzw. unterschiedliche Trendarten gibt, wie in Kapitel 2.2. beschrieben wurde, macht eine Vielzahl von Methoden und Ansätzen notwendig, um Trends zu erkennen oder mit ihnen zu arbeiten.

Laut Pfadenhauer (2004) versteht man unter Trendforschung allgemein solche Aktivitäten, „die auf die (Früh-)Erkennung, Benennung und Bewertung sozialer und kultureller Entwicklungen bzw. Veränderungen abzielen". Bovenkerk (2006) erklärt die Trendforschung als einen „Sammelbegriff für wissenschaftliche Verfahren, die der Erforschung von sozialen und ökonomischen Entwicklungen dienen" (S. 41). Gleichzeitig impliziert sie mit einem Verweis auf das englische Wort ‚research' (engl. search = Suche), dass die Suche nach Informationen und nach Trends an sich ebenfalls zur Trendforschung gehören.

So wie es eine Vielfalt an Begriffserklärungen für die Trendforschung gibt, hat sich auch eine große Anzahl an methodischen Vorgehensweisen entwickelt. Einige dienen dazu, Trends zu finden, andere nutzen bereits gefundene Trends, um deren Einfluss auf andere Bereiche zu untersuchen, wieder andere legen den Schwerpunkt auf die Entwicklung möglicher Zukunftsoptionen. Es werden dementsprechend zur Informationsbeschaffung andere Methoden angewendet als bei der Tiefenanalyse von Trends (vgl. Bovenkerk 2006, S. 85).

Für Unternehmen dient die Trendforschung am häufigsten dazu, zukünftige Entwicklungen abschätzen zu können. Bovenkerk (2006) schreibt in diesem Zusammenhang:

„Die Unternehmen hoffen, mit Hilfe der Trendforschung wichtige Veränderungen im Umfeld frühzeitig zu erkennen und die Dynamik zu begreifen." (S. 45)

Sie hoffen, „zukünftige Konsumentenwünsche vorauszuahnen und die Produkte dementsprechend zu entwickeln" (S. 42). Für Unternehmen ist die Trendforschung ebenfalls wichtig, um der Unsicherheit der Menschen im Umgang mit der Zukunft entgegenzuwirken, sich auf Entwicklungen einzustellen und sich somit optimal am Markt aufstellen zu können.

Zu beachten ist bei der Trendforschung in jedem Fall, dass sie keine exakten Vorhersagen über die Zukunft machen kann, auf die man sich als Unternehmen oder andere Institution mit absoluter Sicherheit verlassen könnte. Trotz Nutzung vorhandener Methoden und Techniken zur Ermittlung von Trends ist die Diagnose von Trends oft subjektiv, d.h. sie ist in gewissem Maße abhängig von dem Trendforscher oder den Trendforschern, von denen die Untersuchung durchgeführt wird. Manche Ergebnisse werden genutzt, andere vernachlässigt, und viele Arbeitsschritte der Trendforschung fordern ein gewisses Maß an Intuition. Dessen ungeachtet hat die Trendforschung einige Vorteile. Sie kann Anstöße für neue Ideen geben und auf verschiedene wahrscheinlich eintretende Möglichkeiten vorbereiten.

„Die Trendforschung unterstützt das Marketing, indem sie Informationen über Konsumenten und die gesellschaftliche und ökonomische Umwelt liefert und deren zukünftige Entwicklung abschätzt." (Bovenkerk 2006, S. 81)

Somit kann die Trendforschung den Unternehmen, die sie nutzen, einen Handlungsvorsprung geben.

Aufgrund der Tatsache, dass eine genaue Bestimmung eines allgemeingültigen Begriffs für Trendforschung schwierig ist, erscheint es umso wichtiger, im persönlichen Forschungszusammenhang verfolgte Ziele und genutzte Methoden zu bestimmen und zu begründen.

Die für die vorliegende Arbeit genutzten Methoden zur Trendforschung werden in Kapitel 3. ausführlich beschrieben.

2.4. Handlungsempfehlungen

Eine genaue Beschreibung des Begriffs der Handlungsempfehlungen gestaltet sich schwierig, da es keine wissenschaftliche Definition zu geben scheint, die dem Anspruch dieser Studie gerecht wird. Vom Duden werden Handlungsempfehlungen beispielsweise als „Empfehlungen, in einer bestimmten Weise zu handeln" (Bibliografisches Institut GmbH 2013), definiert, was für diesen Kontext wenig aussagekräftig ist. Es bietet sich deswegen an, die einzelnen Bestandteile des Terminus der Handlungsempfehlungen separat zu definieren, um schließlich zu einer geeigneteren Begriffsbestimmung zu gelangen.

In diesem Kontext wird eine ‚Handlung' definiert als „Vollzug oder Ergebnis eines menschlichen Handelns, Tuns" (Dudenverlag 2002, S. 456), wobei ‚handeln' in diesem Zusammenhang „sich in bestimmter Weise anderen gegenüber verhalten" (Dudenverlag 2002, S. 455) bzw. „tätig werden, eingreifen, in bestimmter Weise vorgehen" (Dudenverlag 2002, S. 455) bedeutet.

‚Empfehlen' bedeutet laut Duden „[zu etwas] raten; [jmdm. etwas] als besonders vorteilhaft nennen, vorschlagen" (Dudenverlag 2002, S. 312), und eine Empfehlung ist demnach „etwas, was man jmdm. in einer bestimmten Situation empfiehlt" (Dudenverlag 2002, S. 312). Es besteht also kein Zwang, einer Empfehlung Folge zu leisten, es werden lediglich denkbare und aus der Sichtweise des Subjektes sinnvolle Möglichkeiten ausgesprochen.

Eine Handlungsempfehlung kann demnach ein Vorschlag sein, wie sich eine Person oder Institution in einer bestimmten Situation verhalten bzw. weiter vorgehen sollte, um Positives zu erreichen oder Negatives zu vermeiden. Handlungsempfehlungen sind hierbei sowohl vom sie aussprechenden Subjekt als auch vom sie empfangenden Objekt sowie der beide umgebenden Situation abhängig. Gerade deswegen sollten Handlungsempfehlungen vor allem im Kontext wissenschaftlicher Arbeiten auf Daten und Fakten beruhen und immer begründet werden, um nachvollziehbar zu bleiben. Gleichzeitig ist für Handlungsempfehlungen aber auch zu beachten, dass bei Befolgung derselben ein positives Ergebnis nicht garantiert werden kann. Es gilt also als Objekt die Handlungsempfehlungen abzuwägen und zu bewerten, bevor ihnen Folge geleistet werden sollte.

3. Methoden

Ein Unternehmen, welches ohne hinreichende Kenntnisse und Untersuchungen versucht, sich auf die Zukunft im Markt einzustellen, läuft Gefahr, den Wünschen und Erwartungen der Kunden nicht gerecht zu werden. Mit Hilfe der Trendforschung lassen sich Chancen und Gefahren besser abschätzen. Damit die Trendforschung auch zielführend verläuft, gibt es verschiedenste anwendbare Methoden, die für diesen Zweck genutzt werden können. Dieses Kapitel gibt eine Übersicht über die in dieser Studie verwendeten Methoden, die aus der Vielzahl von Möglichkeiten ausgewählt wurden. Die Methoden werden hierbei einzeln vorgestellt, erklärt und ihre Verknüpfung untereinander wird beschrieben.

3.1. Modell des Szenario-Managements

Das Phasenmodell des Szenario-Managements (im weiteren Verlauf kurz Phasenmodell genannt) nach Gausemeier (et al. 2009) ist ein Modell zur Erarbeitung von Zukunftsszenarien. Zukunftsszenarien sind in diesem Zusammenhang verständliche Beschreibungen von möglichen Situationen in bzw. Entwicklungen der Zukunft. Diese Szenarien beruhen auf einem komplexen Netz von Einflussfaktoren (vgl. Gausemeier 2009, S. 61f). Das Phasenmodell gliedert sich in fünf Abschnitte, wobei nach jedem Abschnitt ein Resultat erarbeitet wird, welches für die Bearbeitung des nächsten Abschnitts nötig ist. Diese fünf Phasen nennen sich Szenario-Vorbereitung, Szenariofeld-Analyse, Szenario-Prognostik, Szenario-Bildung und Szenario-Transfer.

Das Phasenmodell ist die für diese Studie wichtigste Methode. Der Forschungsablauf orientiert sich an diesem Modell und wird durch andere Modelle bzw. Methoden an den passenden Stellen ergänzt.

In den folgenden Abschnitten werden die fünf einzelnen Phasen des Modells kurz beschrieben (vgl. Gausemeier et al. 2009, S. 59ff). Zudem werden einige Schwachstellen des Modells aufgezeigt. An diesen Schwachstellen werden jeweils Ergänzungen an dem Modell vorgenommen bzw. weitere Methoden vorgestellt, um das Phasenmodell mit diesen zusätzlichen Bestandteilen zu optimieren.

Die erste Phase des Modells nennt sich Szenario-Vorbereitung. Hier werden sowohl Gestaltungsfeld (auch Untersuchungsgegenstand genannt) als auch Zielsetzung bestimmt. Das Gestaltungsfeld ist hierbei beispielsweise das zu untersuchende Marktsegment. Dieses sollte charakterisiert und zu anderen Bereichen abgegrenzt werden.

In der zweiten Modellphase, der sogenannten Szenariofeld-Analyse, werden die für das Gestaltungsfeld relevanten Einflussfaktoren bzw. im letzten Schritt die Schlüsselfaktoren identifiziert. Schlüsselfaktoren sind solche Faktoren, die für das definierte Gestaltungsfeld besonders relevant sind bzw. die einen großen Einfluss auf den Untersuchungsgegenstand aufweisen. Einflussfaktoren sind Bereiche, die sich in unmittelbarer Nähe zum Untersuchungsgegenstand befinden, wie beispielsweise die Branche, der Markt, die Lieferanten etc., und globale Faktoren, wie beispielsweise Politik, Wirtschaft, Gesellschaft, Trends etc. Normalerweise werden im Phasenmodell die Einflussfaktoren mit Hilfe von Checklisten identifiziert und im Anschluss kurz beschrieben. Da Gausemeier dieses System der Checklisten zur Auswahl von geeigneten Einflussfaktoren nicht näher beschreibt bzw. nur erwähnt wird, dass diese Checklisten aus langer Erfahrung seiner weitreichenden Trendforschungen herrühren, wird an dieser Stelle das System der Zukunftsfaktoren von Mićić (siehe Kapitel 3.2.) herangezogen, um Einflussfaktoren auszuwählen bzw. einzugrenzen. Als Grundlage für existierende Einflussfaktoren, mit denen gearbeitet werden kann bzw. aus denen bestimmte Einflussfaktoren mit Hilfe des Systems der Zukunftsfaktoren ausgewählt werden können, dient verschiedenste Literatur. Aus den durch das System der Zukunftsfaktoren ausgewählten Einflussfaktoren gilt es dann, die sogenannten Schlüsselfaktoren zu identifizieren. Um die Schlüsselfaktoren zu bestimmen, werden drei Schritte durchlaufen, die alle immer noch dem Punkt der Szenariofeld-Analyse zuzurechnen sind.

Im ersten Schritt werden mit Hilfe der sogenannten Einflussmatrix die Beziehungen zwischen den einzelnen zuvor ausgewählten Einflussfaktoren erfasst. Hierfür werden die Einflussfaktoren in einer Matrix einander gegenübergestellt, und es wird bewertet, wie stark sich ein Einflussfaktor durch die direkte Einwirkung eines anderen verändert. Die Einflussmatrix wird in der folgenden Abbildung beispielhaft dargestellt.

Abbildung 2: Beispielhafte Einflussmatrix

Einflussmatrix Fragestellung: „Wie stark beeinflusst der Einflussfaktor i (Zeile) den Einflussfaktor j (Spalte)?" Bewertungsmaßstab: 0 = keinen Einfluss 1 = schwacher Einfluss 2 = mittlerer Einfluss 3 = starker Einfluss	Einflussfaktoren	Globalisierung	Entwicklung der Weltwirtschaft	Attraktivität des Standorts D.	Image des Produktionsstandorts D.	Finanzierungsmöglichkeiten für WZM	Innovationsfähigkeit	Nutzung der I&K-Technik	Allgemeine Technologiebeurteilung	Forschungs- und Bildungspolitik	Virtuelle Produktentstehung	Softwaretechnik	Kommunikation Mensch u. Maschine	Substitution von Werkzeugen	Aktivsumme
Einflussfaktoren	Nr.	1	2	3	4	5	6	7	8	9	59	60	61	62	
Globalisierung	1		3	2	2	1	2	2	0	1	0	2	1	2	51
Entwicklung der Weltwirtschaft	2	3		3	2	1	0	1	0	1	0	0	0	0	34
Attraktivität des Standorts Deutschland	3	2	2		3	3	3	2	1	3	2	1	0	2	49
Image des Produktionsstandorts Deutschland	4	2	2	3		3	2	1	1	2	1	1	0	1	42
Finanzierungsmöglichkeiten für WZM	5	1	0	3			3	0	0	0	0	0	0	0	26
Innovationsfähigkeit	6	2	0	2	3	0		3	3	2	1	1	0	2	43
Nutzung der I&K-Technik	7	0	1	3	1	0	3		0	3	3	3	3	0	39
Allgemeine Technologiebeurteilung	8	2	2	2	1	0	3	2		1	3	2	2	0	28
Forschungs- und Bildungspolitik	9	0	0	1	2	0	2	0	0		1	1	0	0	23
Virtuelle Produktentstehung	59	0	1	3	1	0	3	3	1	0		3	1	1	37
Softwaretechnik	60	2	2	2	1	0	3	2	1	1	2		3	1	32
Kommunikation von Mensch und Maschine	61	0	1	2	1	0	3	2	1	0	0	0		0	31
Substitution von Werkzeugen	62	0	0	1	2	0	2	0	0	0	0	0	1		
Passivsumme		35	27	55	51	18	67	41	28	17	22	18	16	30	

Quelle: Gausemeier et al. 2009, S. 67

Die Abbildung verdeutlicht, dass jeder Einflussfaktor jedem anderen Einflussfaktor direkt gegenübergestellt wird und somit eine Vielzahl von einzelnen Bewertungen abgegeben werden muss. Wie in der Abbildung ebenfalls zu sehen, ergeben sich aus der Matrix die Aktiv- und Passivsumme. Die Aktivsumme beschreibt die Intensität, mit der der Einflussfaktor direkt auf alle anderen Einflussfaktoren wirkt; die Passivsumme beschreibt, wie stark ein Einflussfaktor von allen anderen Einflussfaktoren beeinflusst wird. Zusätzlich ergeben sich aus der Einflussmatrix auch noch der Impuls-Index und der Dynamik-Index. Der Impuls-Index ergibt sich, indem man die Aktivsumme durch die Passivsumme teilt. Er gilt als Maß für die direkten Einflüsse des Einflussfaktors. Je größer die Kennzahl, desto impulsiver der Einflussfaktor; je kleiner die Kennzahl, umso reaktiver der Einflussfaktor. Der Dynamik-Index errechnet sich durch Multiplikation von Aktiv- und Passivsumme. Er beschreibt, wie groß der Einfluss des Faktors auf das Gesamtsystem ist. Je größer die Kennzahl, desto stärker ist der Einflussfaktor im System vernetzt. Diese letzten zwei Werte (Impuls-Index und Dynamik-Index) sind Größen, die bereits erste Tendenzen über Schlüsselfaktoren geben können, im weiteren Verlauf aber nicht direkt für die Auswahl von Schlüsselfaktoren benötigt werden. Aus diesem Grund werden sie in den folgenden Schritten nicht weiter in die Analyse mit einbezogen.

Im zweiten Schritt zur Identifikation der Schlüsselfaktoren innerhalb der Phase der Szenariofeld-Analyse wird mit Hilfe der Relevanzanalyse die Stärke der Wirkung der jeweiligen Einflussfaktoren auf den Untersuchungsgegenstand erarbeitet. Hierbei geht es um die Frage, welcher Einflussfaktor für das Gestaltungsfeld bei einer Gegenüberstellung wichtiger ist als der andere. Diese Gegenüberstellung zur Entscheidungsfindung findet erneut im Rahmen einer Tabelle, der Relevanzmatrix, statt. Abbildung 3 verdeutlicht diese Matrix beispielhaft.

Abbildung 3: Beispielhafte Relevanzmatrix

Relevanzmatrix Fragestellung: „Ist Einflussfaktor i (Zeile) wichtiger als Einflussfaktor j (Spalte)?" Bewertungsmaßstab: 0 = i ist **unwichtiger** als j 1 = i ist wichtiger als j	Einflussfaktoren	Globalisierung	Entwicklung der Weltwirtschaft	Attraktivität des Standorts D.	Image des Produktionsstandorts D.	Finanzierungsmöglichkeiten für WZM	Innovationsfähigkeit	Nutzung der I&K-Technik	Allgemeine Technologiebeurteilung	Forschungs- und Bildungspolitik	...	Virtuelle Produktentstehung	Softwaretechnik	Kommunikation Mensch u. Maschine	Substitution von Werkzeugen	Relevanzsumme
Einflussfaktoren	Nr.	1	2	3	4	5	6	7	8	9		59	60	61	62	
Globalisierung	1		1	0	0	1	0	0	1	1		0	0	1	0	9
Entwicklung der Weltwirtschaft	2	0		0	0	1	0	0	0	1		0	0	1	0	13
Attraktivität des Standorts Deutschland	3	1	1		1	1	0	0	1	1		0	0	0	0	16
Image des Produktionsstandorts Deutschland	4	1	1	0		1	0	0	0	0		0	0	1	0	15
Finanzierungsmöglichkeiten für WZM	5	0	0	0	0		0	0	0	0		0	0	1	0	10
Innovationsfähigkeit	6	1	1	1	1	1		1	1	1		1	1	1	1	36
Nutzung der I&K-Technik	7	1	1	1	1	1	0		1	1		1	1	1	0	22
Allgemeine Technologiebeurteilung	8	0	1	0	1	1	0	0		0		0	0	0	0	14
Forschungs- und Bildungspolitik	9	0	0	0	1	1	0	0	1			0	0	0	0	12
...																
Virtuelle Produktentstehung	59	1	1	1	1	1	0	0	1	1			1	1	1	31
Softwaretechnik	60	1	1	1	1	1	0	0	1	1		0		0	0	21
Kommunikation von Mensch und Maschine	61	0	0	1	0	0	0	0	1	1		0	1		0	?
Substitution von Werkzeugen	62	1	1	1	1	1	1	1	1	1		0	1	1		25

Quelle: Gausemeier et al. 2009, S. 69

Wie in der Abbildung zu erkennen, werden erneut alle ausgewählten Einflussfaktoren einander gegenübergestellt. Durch eine einzelne Bewertung eines Faktorenpaares bildet sich automatisch auch die zweite Bewertung desselben Paares durch Invertierung der Bewertung. Nach Abschluss aller Bewertungen bildet sich schließlich am Ende jeder Zeile eine sogenannte Relevanzsumme durch Addition der einzelnen Werte. Je größer der Wert der Relevanzsumme, desto bedeutender ist der jeweiliger Einflussfaktor für den Untersuchungsgegenstand.

Im nunmehr dritten Schritt zur Erarbeitung der Schlüsselfaktoren wird mit Hilfe der bereits gefundenen Größen (Aktivsumme, Passivsumme und Relevanzsumme) ein System Grid angefertigt, was in Abbildung 4 beispielhaft dargestellt ist.

Abbildung 4: Beispielhaftes System Grid

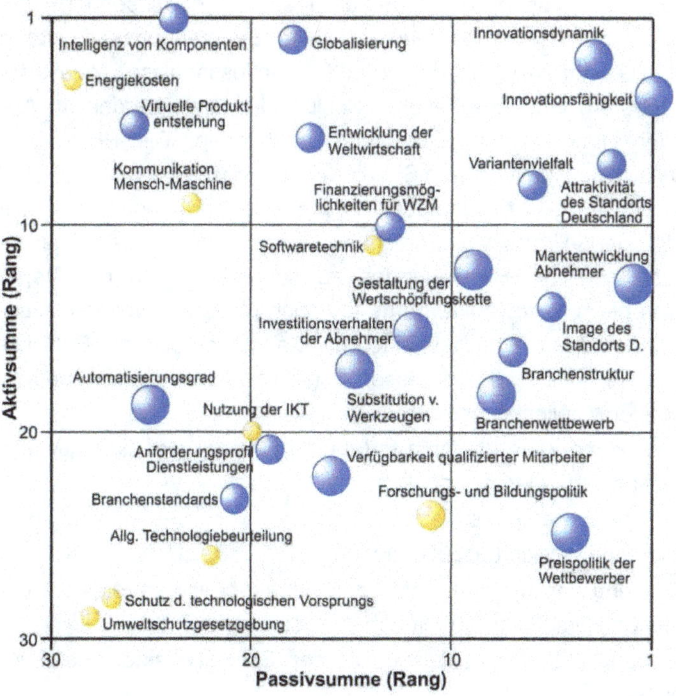

Quelle: Gausemeier et al., S. 70

Die Aktiv- und Passivsumme geben in dieser Darstellung die Position des Einflussfaktors in der Matrix an, die Relevanzsumme wird in Kreisdurchmesser umgerechnet. Je größer eine Kugel (ein Kreisdurchmesser) im System Grid dargestellt wird, desto höher ist also auch der Einfluss des Faktors auf den Untersuchungsgegenstand. Schlüsselfaktoren sind jetzt diejenigen Faktoren, welche sowohl einen großen Kugeldurchmesser – also eine hohe Relevanz für den Untersuchungsgegenstand – als auch eine hohe Positionierung auf beiden Achsen haben.

Im Rahmen dieser Studie sollen maximal sechs Schlüsselfaktoren identifiziert werden. Erstens, um sich auf die wichtigsten Entwicklungsmöglichkeiten zu konzentrieren. Zweitens, weil zu viele Schlüsselfaktoren zu einer großen Unübersichtlichkeit führen können, und drittens, weil bei einer Trendforschung normalerweise ein Team von Trendforschern über einen relativ langen Zeitraum hinweg eine Analyse betreibt. Da diese Trendforschung aber nicht von einem Team an Trendforschern, sondern von einer Einzelperson durchgeführt wird, sind die Bearbeitungskapazitäten eingeschränkt. Die durch diese drei Schritte (Einflussanalyse, Relevanzanalyse und System Grid) erarbeiteten Schlüsselfaktoren werden im Anschluss an ihre Identifikation noch kurz beschrieben. Die Phase der Szenariofeld-Analyse ist mit diesem Schritt abgeschlossen.

Der dritte Schritt im Phasenmodell des Szenario-Managements, die sogenannte Szenario-Prognostik, besteht darin, für jeden nun identifizierten Schlüsselfaktor mögliche Entwicklungen zu beschreiben. In der Regel handelt es sich hier um sowohl extreme als auch plausible Weiterentwicklungen der gefundenen Schlüsselfaktoren. Die verschiedenen Entwicklungsprognosen je Schlüsselfaktor lassen sich laut Gausemeier am besten mit Hilfe folgender Möglichkeiten erarbeiten:

- Die Entwicklung kann gradlinig fortgeführt werden; dies ist vor allem bei quantitativen Faktoren möglich.
- Erstellen von Extremprojektionen.
- Entwicklungen zeitlich beschleunigen.
- Beeinflussung der Faktoren durch das Umfeld beachten; dies gilt vor allem bei Schlüsselfaktoren mit hohen Passivwerten.
- Einbeziehung aktueller Prozesse, die den Schlüsselfaktor beeinflussen können.

Ergänzend zu den im Phasenmodell beschriebenen Optionen, können die möglichen Entwicklungsprognosen auch mit Hilfe des Szenario-Trichters dargestellt werden (siehe Kapitel 3.3.). Der Szenario-Trichter wurde laut Koch (2004) in den 50er Jahren von Herman Kahn entwickelt. Oft werden hierbei für einen Ausgangspunkt (Schlüsselfaktor) zwei Extremszenarien und eine Trendverlängerung entwickelt. Dies entspricht dem Vorhaben der Erstellung von maximal drei Entwicklungsprognosen pro Schlüsselfaktor. Um den Rahmen dieser Studie nicht zu sprengen und die Übersicht zu behalten, sollen für jeden Schlüsselfaktor maximal drei Entwicklungsprognosen erarbeitet werden. Denn das ergibt bei sechs Schlüsselfaktoren mit je drei Entwicklungsmöglichkeiten schon 18 Einzelprojektionen und entspricht theoretisch 262.142 Kombinationsmöglichkeiten für später zu erstellende Zukunftsszenarien.

Im vierten und vorletzten Schritt des Phasenmodells, der Szenario-Bildung, geht es schließlich darum, Zukunftsszenarien zu entwickeln. Wie bereits erwähnt, ergeben sich aus einem Maximum an sechs Schlüsselfaktoren mit jeweils maximal drei Ausprägungen 262.142 Kombinationsmöglichkeiten von Faktoren. Da diese Kombinationsanzahl viel zu unübersichtlich ist, wird eine Methode benötigt, um die Zukunftsszenarien auf eine geringere Anzahl zu reduzieren bzw. die logischen Kombinationsmöglichkeiten auszuwählen. Mit Hilfe der von Gausemeier beschriebenen Konsistenzmatrix lässt sich bestimmen, welche Schlüsselfaktoren mit ihren spezifischen Entwicklungen sich gegenseitig ausschließen und welche sich begünstigen. Hierfür wird erneut eine Tabelle gebildet, die Konsistenzmatrix, die zur Untersuchung der Frage dient, wie sich Schlüsselfaktor a mit Schlüsselfaktor b verträgt, oder ob sie sich gegenseitig ausschließen. Die folgende Abbildung stellt eine Konsistenzmatrix beispielhaft dar.

Abbildung 5: Beispielhafte Konsistenzmatrix

Konsistenzmatrix Fragestellung: „Wie verträgt sich Zukunftsprojektion i (Zeile) mit Zukunftsprojektion j (Spalte)?" Bewertungsskala: 1 = totale Inkonsistenz 2 = partielle Inkonsistenz 3 = neutral oder voneinander unabhängig 4 = gegenseitiges Begünstigen 5 = starke gegenseitige Unterstützung		Projektionen	Prosperierender Handel	Blockbildung	Protektionismus	Weiter Nachteile	Partielle Verbesserung	Gravierende Verbesserung	High-Tech-Standort	Gewinnt an Boden	Einer unter vielen	Wenig Ideen, kaum neue Prod.	Unzureichende Umsetzung	Hohe Innovationskraft	Nur Produktgeschäft	Alles aus einer Hand	OEM dominieren
Schlüsselfaktor	Projektionen	Nr.	1A	1B	1C	2A	2B	2C	3A	3B	3C	4A	4B	4C	19A	19B	19C
Entwicklung von Weltwirtschaft und Welthandel	Prosperierender Handel	1A															
	Blockbildung	1B															
	Protektionismus	1C															
Attraktivität des Standorts Deutschland	Weiter Nachteile	2A	3	4	4												
	Partielle Verbesserung	2B	3	4	2												
	Gravierende Verbesserung	2C	4	2	2												
Image des Produktionsstandorts Deutschland	High-Tech-Standort	3A	4	2	2	1	4	5									
	Gewinnt an Boden	3B	3	3	2	2	5	3									
	Einer unter vielen	3C	3	4	4	5	3	1									
Innovationsfähigkeit	Wenig Ideen, kaum neue Prod.	4A	3	4	4	2	1	1	2	4							
	Unzureichende Umsetzung	4B	3	4	3	4	5	2	2	3	4						
	Hohe Innovationskraft	4C	4	2	2	2	4	5	5	5	2						
Anforderungsprofil Dienstleistungen	Nur Produktgeschäft	19A	3	3	3	2	3	4	3	3	3	4	4	3			
	Alles aus einer Hand	19B	3	3	3	4	3	2	3	3	3	2	2	3			
	OEM dominieren	19C	3	3	3	2	5	2	3	3	3	3	3	3			

Quelle: Gausemeier et al. 2009, S. 80

Aus der Konsistenzmatrix wird nach Abschluss der Bewertungen grob ersichtlich, welche Kombinationsmöglichkeiten von Prognosen möglich sind und welche nicht. Mit Hilfe von Szenario-Software-Programmen wird die Konsistenzmatrix dann abschließend ausgewertet, und es werden sogenannte Szenario-Bündel (auch Cluster) gebildet. Diese Szenario-Bündel sind Zusammenstellungen von einzelnen Prognosen der Schlüsselfaktoren in einer Gruppe auf Basis der Konsistenzmatrix. Die Anzahl der zu bildenden Szenario-Bündel, welche später zu den abschließenden Zukunfts-Szenarien werden, wird ebenfalls mit der Szenario-Software durch Darstellung im sogenannten Scree Diagram festgelegt. Um die endgültigen Szenarien zu bilden, werden die von der Software erstellten Ausprägungslisten der Szenarien genutzt. Diese Listen stellen die prozentualen Häufigkeiten des Auftretens der Projektionen in den jeweiligen Szenarien dar. Hierdurch wird deutlich, welche Zukunftsprojektion ein Szenario dominiert. Die folgende Abbildung stellt eine solche Ausprägungsliste beispielhaft dar.

Abbildung 6: Beispielhafte Ausprägungsliste

Schlüsselfaktoren	Projektionen		Szenario 1	Szenario 2	Szenario 3
SF 1: Entwicklung von Welt- wirtschaft und Welthandel	A	Prosperierender Handel	97	100	0
	B	Blockbildung	2	0	70
	C	Protektionismus	1	0	30
SF 2: Attraktivität des Standorts Deutschland	A	Weiter Nachteile	0	0	100
	B	Partielle Verbesserung	5	100	0
	C	Gravierende Verbesserung	95	0	0
SF 3: Image des Produktions- standorts Deutschland	A	High-Tech-Standort	95	0	0
	B	Gewinnt an Boden	5	100	0
	C	Einer unter vielen	0	0	100
SF 4: Innovationsfähigkeit	A	Wenig Ideen, kaum neue Prod.	0	0	50
	B	Unzureichende Umsetzung	0	67	50
	C	Hohe Innovationskraft	100	33	0
SF 19: Anforderungsprofil Dienstleistungen	A	Nur Produktgeschäft	5	0	100
	B	Alles aus einer Hand	95	0	0
	C	OEM dominieren	0	100	0

eindeutige Ausprägung — alternative Ausprägung
dominante Ausprägung — Projektion tritt nicht auf

Quelle: Gausemeier et al. 2009, S. 87

Wie in Abbildung 6 zu erkennen, wird in den Ausprägungslisten zwischen ‚eindeutigen', ‚dominanten', ‚alternativen' und ‚nicht auftretenden' Projektionen unterschieden. Diese Ausprägungen und ihre Bedeutungen werden in Kapitel 5.4.4. näher erläutert. Die Ausprägungen machen deutlich, welche Zukunftsprognose im jeweiligen Szenario wie stark vertreten ist. Auf dieser Grundlage werden dann die einzelnen Szenarien, die sogenannten Trendszenarien, in Prosa beschrieben.

Im fünften und letzten Schritt des Phasenmodells, dem sogenannten Szenario-Transfer, werden zunächst die Auswirkungen der verschiedenen Zukunftsszenarien auf das Untersuchungsfeld entwickelt und beschrieben. Dies geschieht unter anderem mit Hilfe der sogenannten Auswirkungsmatrix. Diese stellt die einzelnen zuvor erstellten Szenarien den einzelnen zu untersuchenden Bestandteilen des Gestaltungsfeldes gegenüber. Anschließend wird eine Entscheidung darüber getroffen, in welcher Art und Weise die entwickelten Szenarien und die daraus resultierenden Entwicklungen für das Unternehmen genutzt werden können bzw. genutzt werden sollten.

Hierbei gibt es grundsätzlich die Möglichkeit, sich entweder auf ein bestimmtes Szenario zu konzentrieren oder sich auf alle erstellten Szenarien vorzubereiten. Beide Strategien haben Vor- und Nachteile. Zur Entscheidungsfindung für eine Strategie besteht die Möglichkeit, die Eintrittswahrscheinlichkeit und den Grad der Veränderung für das Untersuchungsfeld zu bestimmen und in einer Matrix gegenüberzustellen.

3.2. System der Zukunftsfaktoren

Das System der Zukunftsfaktoren von Mićić ist Teil des sogenannten Zukunftsradars, welches eine Methode zur Erarbeitung von Umfeld-Signalen ist und deswegen auch als eine Methode der Trendforschung betrachtet werden kann (vgl. Mićić 2006, S. 319ff). Zukunftsfaktoren sind hier „Trends, Technologien und Themen, die als treibende Kräfte zukünftiger Veränderungen wirken" (Mićić 2006, S. 64). Die Zukunftsfaktoren werden unterteilt in menschliche, biosphärische, technologische, politische, wirtschaftliche und gesellschaftliche Zukunftsfaktoren (S. 65f) und werden als Ersatz bzw. Synonym für Begriffe der Zukunftsforschung wie ‚driving force' oder ‚change factor' genutzt (S. 64).

Im System der Zukunftsfaktoren geht es nunmehr darum, diejenigen Faktoren zu finden, welche für den Untersuchungsgegenstand von Bedeutung sind. Zu diesem Zweck werden die Zukunftsfaktoren in drei Bereiche unterteilt: Primäre, sekundäre und tertiäre Zukunftsfaktoren. Primäre Zukunftsfaktoren sind all diejenigen Faktoren, die den Untersuchungsbereich unmittelbar beeinflussen. Laut Mićić (2006) kann „[d]ie Zukunft Ihres Marktes [...] nicht ohne diese primären Zukunftsfaktoren erklärt werden" (S. 323). Für einen Flughafen wären dies beispielsweise Verkehrsinnovationen. Sekundäre Zukunftsfaktoren sind nunmehr solche Faktoren, welche den Untersuchungsgegenstand beeinflussen könnten, aber nicht zwingend müssen. Man kann den Einfluss dieser Faktoren zwar nicht sicher bestätigen, kann ihn aber gleichzeitig auch nicht ausschließen. Für das Beispiel des Flughafens könnte man hier das Geschäftsfeld des Weltraums anführen. Die tertiären Zukunftsfaktoren bezeichnen abschließend alle anderen Zukunftsfaktoren bzw. all solche Faktoren, bei denen ein Zusammenhang zum Untersuchungsgegenstand schwer vorstellbar ist. Dies wäre für einen Flughafen beispielsweise das E-Learning, da dies nichts mit dem Geschäftsfeld eines Flughafens zu tun hat.

Auf Basis dieses Schemas werden nun aus einer Vielzahl existierender Faktoren, Trends und Themen die für den Untersuchungsgegenstand relevanten Faktoren (Einflussfaktoren) ausgewählt. Dieses System der Zukunftsfaktoren dient im Rahmen dieser Studie dazu, für das Gestaltungsfeld Jugendsprachreisen wichtige Einflussfaktoren zu filtern, um diese im Phasenmodell des Szenario-Managements (siehe Kapitel 3.1.) weiter nutzen zu können.

Bei dieser Methode ist, wie auch beim Phasenmodell von Gausemeier, ein gewisses Maß an Subjektivität nicht auszuschließen. Welcher Zukunftsfaktor letztendlich als relevant erachtet wird, hängt von dem Betrachter bzw. den Betrachtern ab. Trotzdem ist die Eingrenzung der Einflussfaktoren mit Hilfe dieser Methodik sinnvoll, da sie eine gute Möglichkeit zur Auswahl geeigneter Faktoren darstellt und es zeitlich und methodisch unrealistisch ist, alle existierenden Einflussfaktoren zu betrachten.

3.3. Szenario-Trichter

Der eigentliche Szenario-Trichter ist Teil einer der vielen möglichen Methoden mit derselben Bezeichnung zur Erstellung von Szenarien. Hierbei beginnt der Szenario-Trichter nicht mit dem Erstellen von Szenarien oder ist auf deren Erarbeitung reduziert, sondern er ist Teil eines Gesamtprozesses. In diesem Gesamtprozess wird zunächst, wie auch bei anderen Methoden, das Untersuchungsfeld bestimmt. Anschließend werden die Schlüsselfaktoren identifiziert, die für das Untersuchungsgebiet von Bedeutung sind. Im dritten Schritt wird dann der eigentliche Szenario-Trichter erstellt. Für jeden der identifizierten Schlüsselfaktoren wird an dieser Stelle analysiert, welche zukünftigen Ausprägungen möglich und sinnvoll sind.

„Mit Szenarios wird angestrebt, über die Betrachtung bestimmter relevanter Schlüsselfaktoren Orientierung hinsichtlich zukünftiger Entwicklungen zu generieren." (Kosow et al. 2008, S. 10)

Die Anzahl der möglichen Zukunftsprojektionen pro Schlüsselfaktor kann dabei variieren. Im Endeffekt werden mehrere Szenario-Trichter für das gesamte Untersuchungsfeld gebildet – jeweils ein Trichter pro Schlüsselfaktor.

Edward Cornish (2004) beschreibt in seinem Buch ‚Futuring' fünf Möglichkeiten, Projektionen zu erstellen:

- Eine überraschungslose Projektion: Alles wird mehr oder weniger so weiterlaufen wie bisher; Dinge werden nicht wesentlich besser oder schlechter.
- Eine optimistische Projektion: Dinge werden etwas besser werden als sie in der Vergangenheit waren.
- Eine pessimistische Projektion: Etwas wird wesentlich schlechter verlaufen als in der Vergangenheit.
- Eine Desasterprojektion: Etwas wird fürchterlich falsch laufen und die Situation wird sich extrem stark verschlechtern.
- Ein Verwandlungsprojektion: Etwas Großartiges und Spektakuläres wird passieren, was man sich kaum vorstellen kann.

Im Rahmen dieser Studie ist der dritte Schritt des Szenario-Trichters – die Erstellung der Zukunftsprojektionen im Szenario-Trichter – relevant, da die vorangehenden Schritte (Bestimmung des Untersuchungsfeldes und Identifizierung der Schlüsselfaktoren) durch das Phasenmodell hinreichend abgedeckt werden. Die oben beschriebenen Möglichkeiten, Projektionen im Szenario-Trichter zu erstellen, ergänzen die von Gausemeier (2009) dargestellten Ermittlungsoptionen für Zukunftsaussichten (S. 74f) (siehe Kapitel 3.1.). Wie in Kapitel 3.1. beschrieben, gilt es, verschiedene Projektionen zu erstellen, die sich voneinander unterscheiden, um unterschiedliche, aber trotzdem wahrscheinliche Möglichkeiten abzubilden.

3.4. Brainstorming

Das Brainstorming – aus dem Englischen für Brain = Gehirn und Storm = Sturm (vgl. Bibliografisches Institut GmbH 2013a) – ist eine Methode bzw. Kreativitätstechnik zur Ideenfindung. Als Erfinder der Methode gilt der Amerikaner Alex Osborn (vgl. Weidenmann 2010, S. 54). Im Laufe der Zeit haben sich unterschiedliche Abwandlungen des klassischen Brainstormings entwickelt. Meistens dient das Brainstorming zur Ideenfindung in Gruppen, es kann aber auch von Einzelpersonen als Methode genutzt werden. Für Brainstorming bei Einzelpersonen gilt (genauso wie auch in Gruppen): Ideen erst sammeln und dann bewerten. Für das Einzelbrainstorming werden ein Blatt Papier und ein Stift zur Hand genommen. In Bezug zu einem Oberbegriff werden dann ca. eine Minute lang alle Begriffe aufgeschrieben, die der das Brainstorming durchführenden Einzelperson zu dem Oberbegriff einfallen (vgl. Klein 2008, S. 95). Hier gilt Quantität vor Qualität, denn der

Kreativität sollen an dieser Stelle keine Grenzen gesetzt werden. Die Bewertung der aufgeschriebenen Begriffe erfolgt spezifisch erst im Anschluss.

3.5. Literaturrecherche

Im Zuge der Erstellung von wissenschaftlichen Arbeiten ist eine Auseinandersetzung mit veröffentlichter Literatur notwendig. Die Auseinandersetzung mit vorhandener Literatur stellt eine Grundlage für qualitativ hochwertige wissenschaftliche Arbeiten dar. Im Rahmen dieser Studie wurde mit einer linearen Literaturrecherche gearbeitet. Das Forschungsthema wurde hierbei in einzelne Aspekte unterteilt und in Hinblick auf diese Schlüsselbegriffe wurde nach geeigneter Literatur gesucht (vgl. Hienerth et al. 2009). Diese Methode der Literaturrecherche wurde mit der des Schneeballsystems ergänzt. Hierbei werden ausgehend von bereits vorhandenem bzw. vorliegendem Material die bibliografischen Verzeichnisse auf weitere nützliche Literatur abgesucht. Recherchiert wurde in diesem Zusammenhang unter anderem nach Literatur zu Trends, Trendforschung und deren Methoden, Jugendreisen, Sprachreisen und Jugendsprachreisen. Die Literaturrecherche fand vor allem im Bibliothekskatalog der Universität Bremen (inklusive angeschlossener Verbundkataloge) und im Internet statt, beschränkte sich aber nicht nur auf diese Bereiche.

3.6. Qualitative Inhaltsanalyse der Literatur

Die Qualitative Inhaltsanalyse ist eine wissenschaftliche Technik, um sowohl Texte als auch andere Medien, wie beispielsweise Tonaufnahmen, Filme o.Ä., systematisch zu analysieren. Laut Mayring (2002, S. 115) gibt es drei Arten der qualitativen Inhaltsanalyse: Die Zusammenfassung, die Explikation und die Strukturierung. Alle drei Arten verfolgen hierbei das übergeordnete Ziel, „Texte systematisch [zu] analysieren, indem sie das Material schrittweise mit theoriegeleitet am Material entwickelten Kategoriensystemen bearbeitet" (Mayring 2002, S. 114). Für die vorliegende Studie wurden die ersten beiden Arten dieser qualitativen Inhaltsanalyse – Zusammenfassung und Explikation –, vor allem im Bereich der Beschreibung der einzelnen Trends, genutzt. Zusammenfassung bedeutet in diesem Kontext „das Material so zu reduzieren, dass die wesentlichen Inhalte erhalten bleiben [und] durch Abstraktion ein überschaubares Korpus zu schaffen, das immer noch ein Abbild des Grundmaterials ist" (Mayring 2002, S. 115), und Explikation „zu einzelnen fraglichen Textteilen zusätzliches Material heranzutragen, das das Verständnis erweitert, das die Textstelle erläutert, erklärt, ausdeutet" (Mayring 2002, S. 115).

4. Darstellung Offaehrte Sprachreisen

Im Rahmen dieser Studie dient Offaehrte Sprachreisen als Beispiel für einen erfahrenen und etablierten Reiseveranstalter im Segment der Jugendsprachreisen. In den folgenden Abschnitten wird Offaehrte kurz dargestellt. Außerdem wird eine Angebotsübersicht gegeben und ein Kurzprofil der Reiseteilnehmer erstellt und beschrieben.

Der Reiseveranstalter Offaehrte Sprachreisen mit Sitz in Bremen wurde im Jahr 1986 gegründet. Die Produktpalette von Offaehrte umfasst nicht nur verschiedene Ausprägungen von Sprachreisen (Kindersprachreisen, Jugendsprachreisen, Jugendreisen, Sprachreisen für Studenten, Eltern-Kind-Sprachreisen, Sprachurlaub, Sportsprachreisen), sondern auch Sprachcamps für Schüler innerhalb von Deutschland, Lerncamps für Schüler innerhalb von Deutschland für die Fächer Mathematik und Deutsch, High-School-Aufenthalte, Freiwilligenarbeit, Erlebnisreisen oder verschiedene andere Kurse, beispielsweise zur Universitätsvorbereitung (vgl. Offaehrte Sprachreisen – IP International Projects GmbH o.J.).

Im Bereich der Sprachreisen betreibt Offaehrte eigene Sprachschulen und arbeitet darüber hinaus in vielen Ländern mit unterschiedlichen Sprachschulen zusammen (vgl. Offaehrte Sprachreisen – IP International Projects GmbH o.J.). Außerdem ist Offaehrte Mitglied im Fachverband Deutscher Sprachreiseveranstalter und im Reisenetz, dem Deutschen Fachverband für Jugendreisen.

Die folgenden Abschnitte geben eine Übersicht über die Angebotspalette von Offaehrte im Bereich der Jugendsprachreisen und über das Kundenprofil in diesem Segment.

4.1. Angebotsübersicht im Segment Jugendsprachreisen

Im Segment der Jugendsprachreisen für Jugendliche im Alter von 13 bis 17 Jahren (unter Umständen gemischt mit weiteren Altersgruppen bzw. in anderen Alterseinteilungen) werden von Offaehrte unterschiedliche Reisen angeboten. Das Angebotsspektrum für Jugendliche diesen Alters umfasst die Länder England, Frankreich, Kanada, Spanien, Italien, Irland, Malta, Rumänien und Schweden, die Stadt New York sowie die Sprachen Englisch, Französisch und Spanisch (vgl. Offaehrte Sprachreisen – IP International Projects GmbH o.J.a). Wie bei vielen Sprachschulen kann man zwischen verschiedenen Anreiseoptionen (Bus, Bahn, Flug, Eigenanreise), verschiedenen Verpflegungsmöglichkeiten (Halbpension, Vollpension) und Unterkunftsmöglichkeiten (College, Internat, Gastfamilie) auswählen. Diese einzelnen Punkte sind allerdings nicht immer frei kombinierbar. So ist es beispielsweise nicht bei jeder Jugendsprachreise möglich, in einer Gastfamilie zu wohnen. Auch sind nicht immer alle Sprachkurs-Optionen auswählbar, die insgesamt im Programm angeboten werden.

Im Punkt Verpflegung werden die Mahlzeiten als „landestypisch und jugendgerecht" (Offaehrte Sprachreise – IP International Projects GmbH 2013, S. 19) beschrieben. Es wird teilweise auf gesunde Ernährung geachtet. Beispielsweise existiert in manchen Destinationen eine sogenannte ‚Fruit'n'Fit Corner', bei der Wasser, Tee und frisches Obst täglich zur Verfügung gestellt werden (vgl. Offaehrte Sprachreisen – IP International Projects GmbH o.J.e). Des Weiteren ist eine vegetarische Verpflegung möglich, es wird aber darauf hingewiesen, dass diese nicht unbedingt originell sein wird. Das heißt, es besteht die Möglichkeit, dass nicht unbedingt immer ein speziell hergerichtetes vegetarisches Alternativgericht zur Verfügung steht, sondern dass die vegetarische Ernährung durch simples Auslassen der Fleischbestandteile erreicht wird.

Die Hauptreisezeit für Jugendsprachreisen mit Offaehrte sind die Sommerferien. Nur wenige Angebote sind auch im Herbst oder Frühjahr buchbar, im Winter gibt es überhaupt keine Angebote für Jugendsprachreisen (vgl. Offaehrte Sprachreise – IP International Projects GmbH 2013).

In Anhang 16 findet sich eine tabellarische Angebotsübersicht, in der aufgelistet wird, welche Optionen bezüglich Anreise, Sprachkurs, Unterkunft, Verpflegung, Aktivitäten, Reisezeit und weiteren anderen Punkten zur Auswahl bei welcher Destination angeboten werden. Diese Übersicht basiert auf dem Schülersprachreisekatalog für die Saison 2014 von Offaehrte (vgl. Offaehrte Sprachreisen – IP International Projects GmbH 2013). In jener Übersicht wird deutlich, dass beispielsweise Kleingruppen- und Einzelunterricht nur in wenigen Destinationen angeboten werden. Auch die Ablegung von international anerkannten Zertifikaten, wie das Trinity Exam für Englisch oder DELF für Französisch, sind nicht überall möglich. Positiv zu bewerten ist, dass in fast allen Destinationen Kurse in allen existierenden Schwierigkeitsstufen angeboten werden. Außerdem fällt auf, dass die Fruit'n'Fit Corner zwar in vielen, aber dennoch nicht in allen Destinationen zur Verfügung steht. Das gleiche gilt für die sogenannte Ocean Lounge, eine ‚Chill out'-Ecke bzw. ein Treffpunkt in einer Art Gemeinschaftsraum. Zusätzlich zu ‚regulären' Jugendsprachreisen bietet Offaehrte noch einige spezialisierte Reiseangebote an. Beispielsweise gibt es eine Jugendsprachreise mit dem Titel ‚Englisch und Reiten', bei der die Schüler vormittags am Sprachunterricht und nachmittags am Reitunterricht teilnehmen (vgl. Offaehrte Sprachreisen – IP International Projects GmbH o.J.b). Diese sogenannten ‚Specials' sind nicht an jedem Kursort und teilweise auch nicht zu allen Urlaubszeiten buchbar. Grundsätzlich gilt, dass bei allen Specials eine ‚normale' Sprachreise gebucht wird und die Specials dann dazu gebucht werden können. Die in den Beschreibungen genannten Aktivitäten finden jeweils an den Nachmittagen, außerhalb der Zeiten der Sprachkurse, statt. Die folgende Tabelle gibt eine Übersicht über die angebotenen Specials, den Ort, den zu zahlenden Aufpreis und eine kurze Beschreibung.

Tabelle 2: Übersicht ‚Specials'-Angebote von Offaehrte

Special	wird angeboten in	Aufpreis	Zeitraum	Beschreibung
Outdoor & Adventure	Exeter, Exmouth	99€	Immer	3x3h; z.B. Kanu fahren, Floß bauen, Hochseilkurs
Fußballtraining	Exeter	65€	Immer	5x3h; Fußballtraining
Mini Olympics	Teignmouth	189€	Immer	5x3h; Wassersportart, z.B. Segeln, Windsurfen, Kayaking, Canoeing etc., mit abschließendem Wettkampf
Tenniskurs	Teignmouth, Exeter, Chichester	Ab 84€	Immer	5x3h; Tenniskurs mit eigener Ausrüstung
Reiten	Exeter, Exmouth	Ab 99€	Immer	3x2h; Reitunterricht und Tierpflege
Surfkurs	Bournemouth, Biarritz	Ab 108€	Immer	5x; Surfkurs inklusive Ausrüstung
FIT-Z Styling-Seminar	Exeter	75€	nur an einem festen Termin	1x4h; nur für Mädchen, Styling, Haare, Make-up
Cheerleading	Chichester	30€	Nur an drei festen Terminen	3x3h; Cheerleading-Kurs

Quelle: Eigene Darstellung in Anlehnung an: Offaehrte Sprachreisen – IP International Projects GmbH 2013, S.16f

Wie in Tabelle 2 zu erkennen, sind die Specials ausschließlich bei Reisen nach England buchbar und hierbei nur in bestimmten Destinationen. Auffällig ist, dass der Kursort Exeter, im Vergleich zu den anderen Zielen, relativ viele dieser Specials anbietet. Neben den Specials werden aber auch noch andere Themenreisen angeboten, die in der Rubrik ‚weitere Reisen' geführt werden. Die nachfolgende Tabelle listet diese Reisen ebenfalls auf.

Tabelle 3: Offaehrte Themenreisen

Name	Ort	Beschreibung
Englisch, Reiten und Outdoor Adventures	Kingston Maurward College, England	Sprachunterricht vormittags, Reitunterricht oder spezielles Outdoor-Programm nachmittags
Französisch und Wassersport	La Crau, Frankreich	Sprachunterricht und Segelkurs
Englisch und Outdoor Action	Calgary, Kanada	Zwei oder drei Wochen Sprachkurs mit normalen Aktivitäten + eine Woche Zelten in den Rocky Mountains
Englisch und Outdoor Action Westküste	Powell River, Kanada	Sprachkurs mit normalen und Outdoor-Aktivitäten, viel Wassersport + 2 Tage Campingtrip + 1 Nacht Vancouver
Dance & Talk	Bexhill-on-Sea, England	Sprachkurs + Tanztraining
Akt & Talk / Paint & Talk	Weymouth, England	Sprachkurs + 9x1h Mal- oder Schauspielunterricht

Quelle: Eigene Darstellung in Anlehnung an: Offaehrte Sprachreisen – IP International Projects GmbH 2013, S. 70f

Zusätzlich zu den oben genannten Optionen an Sprachreisen werden sogenannte Sprachurlaube angeboten, bei denen kein klassischer Sprachunterricht durchgeführt, sondern die Sprache im lockeren Umfeld bei verschiedenen Outdoor-Aktivitäten und Sportarten angewandt wird (vgl. Offaehrte Sprachreisen – IP International Projects GmbH o.J.c). Alle von Offaehrte angebotenen Sprachurlaube beziehen sich auf die Altersgruppe der 13- bis 17-Jährigen. Die Sprachurlaube werden in die Destinationen Vieux Boucau (Frankreich), Playa de Aro, Sant Feliu (Spanien), Skagersbrunn (Schweden) und Peschici (Italien) offeriert.

Außerdem gibt es die Möglichkeit, zu ausgewählten Terminen Englisch und Spanisch auf dem Schiff ‚Alexander von Humboldt II' zu lernen (vgl. Offaehrte Sprachreisen – IP International Projects GmbH o.J.d). In diesem Spezialfall lernen die Schüler neben der Sprache, wie man sich an Bord eines Schiffes verhält und mit diesem umgeht. Andere Freizeitaktivitäten gibt es nicht, da die gesamte Reise auf dem Schiff stattfindet.

Insgesamt wird deutlich, dass Offaehrte im Bereich der Jugendsprachreisen eine Vielzahl von verschiedenen Angeboten für Schüler im Alter von 13 bis 17 Jahren bereitstellt.

4.2. Teilnehmerprofil

Der Reiseveranstalter Offaehrte Sprachreisen führt mit den jugendlichen Reiseteilnehmern der Sprachreisen regelmäßig Befragungen durch. Im Rahmen dieser Befragung werden sowohl personenbezogene bzw. demografische Daten (Alter, Geschlecht, Schulform), Daten über die gebuchte Reise (gewählte Sprache, Destination, Unterkunft, Anreise, Reiseentscheidung) als auch Daten über Wichtigkeit der und Zufriedenheit mit den einzelnen Reisebestandteilen und der Reise insgesamt erhoben.

Von Offaehrte wurden im Sommer 2012 alle Teilnehmer von zehn bis 18 Jahren befragt, die an einer Jugendsprachreise im Sommer 2012 teilgenommen hatten. Dies entspricht insgesamt 1.483 auswertbaren Fragebögen. Die Erhebung der Daten fand durch zwei getrennte Fragebögen statt. Ein Fragebogen wandte sich an Kinder und Jugendliche im Alter bis einschließlich 14 Jahre (vgl. Offaehrte Sprachreise – IP International Projects GmbH 2012), der zweite Fragebogen an Jugendliche von 15 bis zu jungen Erwachsenen von bis zu über 18 Jahre (Offaehrte Sprachreisen – IP International Projects GmbH 2012a). Da sich die vorliegende Studie jedoch nur mit Jugendlichen in der Altersspanne von 13 bis 17 Jahren befasst und diese Altersgruppe teilweise im ersten und teilweise im zweiten Fragebogen vorkommt, wurden die vorliegenden Daten dementsprechend zusammengeführt und anschließend neu ausgewertet.

Im Folgenden werden die Ergebnisse diese Datenzusammenführung aus den beiden oben genannten Quelldatensätzen kurz dargestellt. Verschiedene Kreuztabellen und Grafiken hierzu befinden sich im Anhang (siehe Anhang 1-7).

Im Sommer 2012 waren insgesamt 1.101 Jugendliche im Alter zwischen 13 und bis einschließlich 17 Jahre mit Offaehrte unterwegs. Der größte Teil, nämlich 89%, buchte hierbei eine Sprachreise nach England. Ebenfalls auffällig ist die Tatsache, dass fast drei Viertel (74%) der Jugendlichen, die an einer Sprachreise teilnahmen, ein Gymnasium besuchen. Die verbleibenden 26 Prozentpunkte setzen sich zusammen aus 16% Realschülern, 9%

Gesamtschülern und lediglich 1% Hauptschülern. Diese Zahlen lassen vermuten, dass Jugendsprachreisen eher für Jugendliche höherer Schulformen in Frage kommen. Ebenso ist an dieser Stelle eine verknüpfende Annahme möglich, und zwar dass der Besuch einer bestimmten Schulform vom Bildungsstand der Eltern abhängig ist. In der Shell-Jugendstudie wird deutlich, dass Jugendliche, deren Eltern keinen oder nur einen einfachen Schulabschluss besitzen, selber nur selten das Abitur oder die Fachhochschulreife anstreben, nämlich 26% (Albert et al. 2010, S. 72). Im Vergleich hierzu besuchen 77% der Jugendlichen, deren Eltern selber einen höheren Schulabschluss erlangt haben, eine Schule mit dem Ziel, das Abitur oder die Fachhochschulreife zu erlangen (Albert et al. 2010, S. 72). Gleichzeitig kommt es bei Kindern von Eltern mit höherem Schulabschluss selten vor, dass diese mit einem Hauptschulabschluss die Schule verlassen (4%) (Albert et al. 2010, S. 72). Bei Jugendlichen, deren Eltern keinen oder nur einen einfachen Schulabschluss erlangt haben, sind dies hingegen 32%. Die Shell-Jugendstudie unterstützt also die Annahme, dass der Besuch einer bestimmten Schulform vom Bildungsabschluss der Eltern abhängig ist. Da laut OECD Personen mit einem höheren Bildungsabschluss meist auch ein höheres Einkommen erlangen (vgl. OECD 2013), kann also davon ausgegangen werden, dass Gymnasialschülern respektive deren Eltern oft mehr Geld für die Finanzierung einer Jugendsprachreise zur Verfügung steht als Jugendlichen anderer Schulformen.

Ein weiterer Aspekt, welcher in der Untersuchung von Offaehrte abgefragt wurde, ist die Unterkunft. Hierbei wurde allerdings nur darin unterschieden, ob die Jugendlichen bei einer Gastfamilie wohnten oder nicht. Das Ergebnis zeigt, dass im Jahr 2012 lediglich 9% der Jugendlichen, die an einer Offaehrte Sprachreise teilnahmen, während der Reise bei einer Gastfamilie wohnten.

Auch die Art der An- bzw. Abreise wurde in der Studie abgefragt. 62% der Jugendlichen im Alter zwischen 13 und 17 Jahren reisten im Sommer 2012 mit dem Bus zu ihrem Zielort. Weitere 26% bevorzugten das Flugzeug, 8% kamen mit dem Auto und 4% nutzten den Zug.

Fasst man die oben aufgeführten Daten zusammen, kann man sagen, dass ein typischer Reiseteilnehmer von Offaehrte im Sommer 2012 ein Gymnasiast war, der entweder mit dem Bus oder Flugzeug nach England reiste, um dort nicht bei einer Gastfamilie, sondern in einer der anderen angebotenen Unterkunftsformen zu wohnen.

Zusätzlich zu diesen demografischen Daten wurden, wie bereits erwähnt, ebenfalls Daten zur Zufriedenheit mit den einzelnen Reisebestandteilen und deren Bedeutung für die Jugendlichen gesammelt.

Abbildung 7 stellt die Zufriedenheit der Jugendlichen mit einzelnen ausgewählten Urlaubsaspekten sowie dem gesamten Urlaub anhand von Mittelwerten dar.

Abbildung 7: Zufriedenheit mit Urlaubsaspekten
Quelle: Eigene Darstellung auf Basis von Offaehrte Sprachreisen – IP International

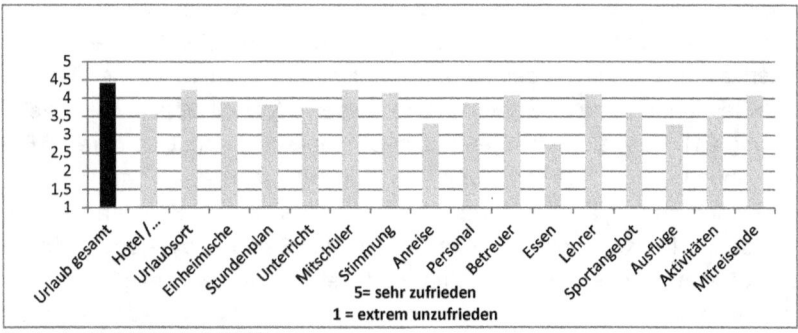

Projects GmbH 2012 & 2012a

Wie in der Abbildung zu erkennen, wurde eine Skalierung von 1 = extrem unzufrieden bis 5 = sehr zufrieden gewählt. Die Zufriedenheit mit den meisten Einzelaspekten ist relativ hoch. Von 16 gezeigten Einzelaspekten liegen nur drei Aspekte unter einem Wert von 3,5, nämlich die Bereiche Anreise (3,3), Ausflüge (3,28) und Essen (2,74). In diesen Gebieten scheint der Handlungsbedarf also größer als bei den anderen Aspekten. Dennoch sollten auch die anderen in Abbildung 7 aufgelisteten Bereiche nicht außer Acht gelassen werden.

Die Zufriedenheit der Sprachschüler lässt sich auch durch existente Bewertungen im Internet näherungsweise bestimmen. Auf der Internetseite www.sprachreisen-test.de können Teilnehmer von verschiedenen Sprachreisen und Sprachreiseveranstaltern diese mit Hilfe eines Schulnotensystems bewerten und ebenfalls Kommentare hinterlassen (vgl. JobDL o.J.). Die insgesamt 378 auf dieser Seite abgegebenen Bewertungen wurden hierbei der jeweiligen Zieldestination zugeordnet. Die Internetseite bietet im Zusammenhang mit den Bewertungen eine Funktion, durch die die einzelnen Mittelwerte aller Bewertungen für die jeweiligen einzelnen zu beurteilenden Kategorien angezeigt werden. Mit einer Durchschnittsnote von 2,8 wurde der Lernfortschritt hierbei am schlechtesten bewertet. Am zweitschlechtesten wurde die Unterkunft gesehen, sie bekommt eine Durchschnittsnote von 2,7 (vgl. JobDL o.J.). Am besten bewertet wurden Urlaubsabwicklung und Urlaubsort mit einer jeweiligen Durchschnittsnote von 1,6. Zu beachten ist bei diesen Werten, dass hier alle angebotenen Sprachreisen in die Bewertung mit einbezogen wurden, d.h. auch die 106 Bewertungen über Sprachreisen innerhalb Deutschlands. Trotzdem kann eine gewisse Tendenz aus den Ergebnissen abgeleitet werden.

Neben den Bewertungen in Schulnotenform gibt es auf der Seite www.sprachreisen-test.de auch die Möglichkeit, schriftliche Kommentare zu hinterlassen. Die dort abgegebenen Kommentare wurden in einer Tabelle nach Bereichen zusammengefasst und ausgewertet (vgl. JobDL o.J.) (siehe Anhang 21). Hierbei kristallisieren sich einige Aspekte deutlich heraus. Bei 272 abgegebenen Bewertungen für Jugendsprachreisen ins Ausland (hauptsächlich England, aber auch Frankreich, Malta und Spanien) wurden insgesamt 44 Kommentare über schlechtes Essen abgegeben. Diese reichten von „nicht so gut" über „inakzeptabel" und „unter aller Sau" bis hin zu „wenig abwechslungsreich" oder „ungenießbar". Das bedeutet, dass 16,2% derjenigen Sprachschüler, die eine Bewertung abgegeben haben, das Essen explizit in ihren Kommentaren bemängelten. Dieser Wert schließt noch nicht diejenigen Bewertungen mit ein, die das Essen nur mit Hilfe des Schulnotensystems schlecht bewertet hatten, aber auf einen entsprechenden Kommentar verzichteten. Ebenfalls wurde die Hygiene und Sauberkeit in den Unterkünften insgesamt 31 Mal mit Kommentaren bemängelt (entspricht ungefähr 12% schlechten Bewertungen). In Bezug auf die angebotenen Aktivitäten wurden diese als „langweilig", „nicht altersgerecht", „wenig unterhaltsam" oder „uninteressant" betitelt. Am Unterricht wurden die zu großen Gruppen und die zu geringen Anforderungen als negativ aufgelistet.

Zusätzlich zur Zufriedenheit wurde im Fragebogen von Offaehrte Sprachreisen – ausschließlich bei den Jugendlichen im Alter von 15 bis 18 Jahren – auch noch die Bedeutung bzw. Wichtigkeit der einzelnen Urlaubsaspekte abgefragt. Abbildung 8 zeigt die Wichtigkeit der Aspekte in Relation zur Zufriedenheit mit denselben Aspekten.

Abbildung 8: Wichtigkeit und Zufriedenheit übergeordneter Kriterien Offaehrte 2012

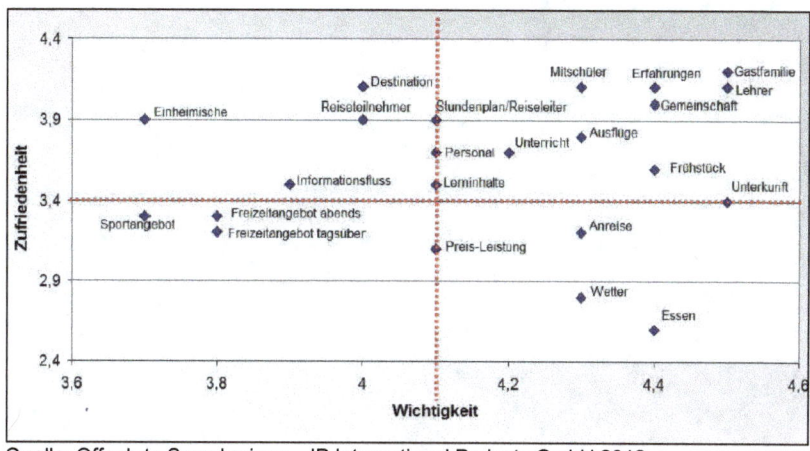

Quelle: Offaehrte Sprachreisen – IP International Projects GmbH 2012

Mit Hilfe von Abbildung 8 wird deutlich, dass alle drei Aspekte, bei denen die Zufriedenheit am schlechtesten war (siehe Abbildung 7), in ihrer Wichtigkeit relativ hoch bewertet wurden. Ausflüge und Anreise haben jeweils einen Mittelwert von 4,3 erreicht, das Essen wird mit einem Wert von 4,4 sogar noch als etwas bedeutender bewertet. Auch wenn die Wichtigkeit dieser Aspekte nur von den 15- bis 18-Jährigen bewertet wurde und die jüngeren Reiseteilnehmer folglich von dieser Bewertung ausgeschlossen sind, wird deutlich, dass Handlungsbedarf in den drei genannten Bereichen Ausflüge, Anreise und Essen besteht. Gleichzeitig dürfen aber alle anderen untersuchten Bereiche nicht vernachlässigt werden. Denn auch bei anderen Aspekten wie beispielsweise der Unterkunft sind auf Grundlage der gegebenen Bewertungen weitere Verbesserungen möglich und erstrebenswert. Das gleiche gilt prinzipiell für alle Aspekte, insbesondere für all solche, die von den Reiseteilnehmern als wichtig erachtet werden.

5. Trendforschung für Jugendsprachreisen auf Basis des Phasenmodells

Im Kontext dieser Studie bedeutet Trendforschung, mit Hilfe der in Kapitel 3 beschriebenen Methoden, Aspekte zu finden, zu analysieren und zu bewerten, die für den Bereich der Jugendsprachreisen von Bedeutung sind, um darauf aufbauend Zukunftsszenarien zu erstellen, mögliche Ideen und Trends abzuleiten und Handlungsempfehlungen abgeben zu können.

Dieses Kapitel beschreibt die auf Basis des in Kapitel 3 erläuterten ‚Modells des Szenario-Managements durchgeführte Trendforschung und bildet somit den Hauptteil der vorliegenden Studie. Das Phasenmodell wurde hierbei schrittweise durchgearbeitet und an den in Kapitel 3 beschriebenen Stellen mit den erwähnten und erläuterten Methoden ergänzt. Die folgende Abbildung stellt diese schrittweise Vorgehensweise inklusive der im Phasenmodell vorgenommenen Ergänzungen in einer Übersicht dar.

Abbildung 9: Übersicht Phasenmodell

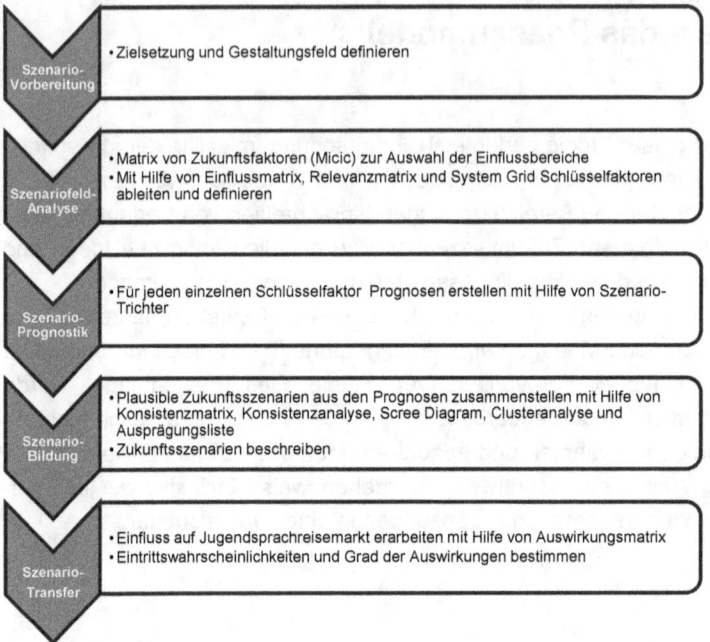

Quelle: Eigene Darstellung in Anlehnung an Gausemeier et al. 2009, S. 69

5.1. Szenario-Vorbereitung

Das Gestaltungsfeld bzw. Untersuchungsfeld, welches im Rahmen dieser Studie mit Hilfe des Systems des Szenario-Managements untersucht wird, ist der Jugendsprachreisemarkt Deutschlands. Der Jugendsprachreisemarkt wird in diesem Zusammenhang eingegrenzt auf Jugendliche im Alter zwischen 13 und 17 Jahren. Besonders im Fokus steht hierbei das Produkt der Jugendsprachreise. Da das Untersuchungsfeld, das Produkt der Jugendsprachreise, aus verschiedenen einzelnen Aspekten bzw. Dienstleistungen (An- und Abreise, Unterkunft, Verpflegung, Sprachkurs, Freizeitprogramm) besteht, wie sie in Kapitel 2.1 beschrieben wurden, sind auch diese einzelnen Bereiche mit in die Analyse einzuschließen und zu beachten.

Weiterhin werden nur Sprachreisen aus Deutschland heraus ins Ausland bzw. für deutsche oder in Deutschland lebende Jugendliche mit einbezogen. Sprachreisen innerhalb Deutschlands oder von nicht in Deutschland Ansässigen nach Deutschland werden folglich nicht berücksichtigt. Diese Eingrenzung ist notwendig, da der Jugendsprachreisemarkt allein für Deutschland schon relativ umfangreich ist und viele zu untersuchende Aspekte (zum Beispiel die zu untersuchenden Trends) kulturell und gesellschaftlich bedingt sind und in anderen Ländern überhaupt nicht oder nur in veränderter Form auftreten.

Ziel der Analyse ist es, Aussagen über aussichtsreiche bzw. mögliche Geschäftsfelder, Geschäftsmodelle, Strategien und Maßnahmen treffen zu können sowie wahrscheinliche bzw. erwartete Entwicklungen und Ereignisse als Grundlage für strategische Entscheidungen herauszuarbeiten (vgl. Mićić 2006, S. 313). Besonders im Fokus soll hierbei das Produkt der Jugendsprachreise stehen. Die Ergebnisse der Analyse sollen in Handlungsempfehlungen zusammengefasst und für den Reiseveranstalter Offaehrte Sprachreisen ausgesprochen werden.

5.2. Szenariofeld-Analyse

Mit der Szenariofeld-Analyse beginnt der zentrale Forschungsablauf zu dem in der Szenario-Vorbereitung definierten Untersuchungsgegenstand. Wie bereits in Kapitel 3.1. beschrieben, geht es in diesem zweiten Schritt darum, sogenannte Schlüsselfaktoren zu erarbeiten.

Zunächst wurde hierfür Literatur über Trends gesammelt. Folgend wird eine Liste der Literatur dargestellt, die nach Ausschluss weiterer ungeeigneter Literatur für die Suche nach Zukunftsfaktoren genutzt wurde (Details im Anhang):

- Zukunftsinstitut GmbH (2012) – Trend Report 2013 – 10 Driving Forces für die Märkte von morgen
- Zukunftsinstitut GmbH (2011) – Trend Report 2012 – Soziokulturelle Schlüsseltrends für die Märkte von morgen
- Zukunftsinstitut GmbH (2007) – Megatrend Dokumentation
- Zukunftsinstitut GmbH (2007) – Die Macht der Megatrends
- Zukunftsinstitut GmbH (2006) – Global Trends Monitor
- Mićić (2006) – Das Zukunftsradar
- Conrady; Buck (2009) – Trends and Issues in Global Tourism
- Baumbach (2007) – Was erwartet der Gast von morgen?
- Petermann (2006) – Zukunftstrends im Tourismus

Aus dieser Literatur wurden dann mit Hilfe des Systems der Zukunftsfaktoren (vgl. Mićić 2006) diejenigen Faktoren ausgesucht, die Einfluss auf den Untersuchungsgegenstand der Jugendsprachreisen haben. Das bedeutet, dass die von Mićić (2006) als primäre sowie als sekundäre Zukunftsfaktoren beschriebenen Faktoren hierfür ausgewählt wurden. Die Literatur wurde dementsprechend danach gescannt, ob bei den in der Literatur vorhandenen Faktoren, Trends etc. ein Zusammenhang zum Jugendsprachreisemarkt besteht bzw. ob dieser grundsätzlich vorstellbar ist. In Betracht gezogen wurde hierbei sowohl ein möglicher Einfluss auf den Jugendsprachreisemarkt, das Gesamtsystem der Jugendsprachreise, als auch insbesondere auf das Produkt der Jugendsprachreise und dessen einzelnen Bestandteile (Anreise, Unterkunft, Sprachunterricht, Aktivitäten vor Ort, Verpflegung). Insgesamt wurden auf diese Weise 53 Faktoren aus der durchsuchten Literatur ausgewählt.

Die letztendlich 53 ausgewählten Faktoren wurden dann in eine Tabelle eingetragen. Diese Tabelle galt als Grundlage für die darauf folgenden Arbeitsschritte der Szenariofeld-Analyse: die Einflussmatrix und Relevanzmatrix.

5.2.1. Einflussmatrix

In der Einflussmatrix wurden alle 53 ausgewählten Faktoren einander gegenübergestellt und auf ihren Einfluss auf die jeweils anderen Faktoren hin untersucht. Anhang 8 zeigt die erstellte Einflussmatrix. Insgesamt wurden also 2.704 (52x52; ein Faktor kann sich nicht selbst beeinflussen) einzelne Bewertungen vorgenommen.

Hierbei wurde der von Gausemeier et al. (2009) genutzte Bewertungsmaßstab übernommen (S. 67) (siehe Anhang 8). Wie in der Abbildung im Anhang zu sehen, handelt es sich um eine vierstufige Bewertungsskala von 0 = kein Einfluss, über 1 = schwacher Einfluss und 2 = mittlerer Einfluss bis hin zu 3 = starker Einfluss. Die Einflussmatrix bewertet nur direkte Einflüsse von Faktoren aufeinander, indirekte Einflüsse werden außer Acht gelassen. Trotz der Operationalisierung der Einflüsse der Faktoren aufeinander mit Hilfe der Einflussmatrix und der vierstufigen Skala ist die letztendliche Bewertung immer auch vom Trendforscher abhängig und somit subjektiv. Ebenfalls bei der Einflussmatrix zu beachten ist, dass durch die Bewertung des Einflusses eines Faktors a auf einen anderen Faktor b keine Rückschlüsse darauf gezogen werden können, inwieweit Faktor b den Faktor a beeinflusst. So hat beispielsweise die ‚zunehmende Komplexität' kaum Einfluss auf die ‚Informatisierung', die ‚Informatisierung' hat im Gegenzug aber sehr großen Einfluss auf die ‚zunehmende Komplexität'.

Nachdem die Bewertung der einzelnen Faktoren abgeschlossen ist, wird aus jeder Spalte die Spaltensumme = Passivsumme und aus jeder Zeile die Zeilensumme = Aktivsumme der einzelnen Faktoren gebildet und ebenfalls in die Einflussmatrix mit eingetragen. Diese Summen sind im weiteren Verlauf relevante Größen für die Auswahl der Schlüsselfaktoren.

5.2.2 Relevanzmatrix

Da die Einflussmatrix zwar die Beziehungen der einzelnen Faktoren untereinander, nicht aber deren Einfluss auf den Untersuchungsgegenstand der Jugendsprachreisen hin untersucht, gilt es nun, diesen Einfluss mit Hilfe der Relevanzmatrix zu erarbeiten.

Hierfür wurden abermals dieselben 53 Faktoren in einer Tabelle gegenübergestellt (siehe Anhang 9). Diesmal wurden sie aber daraufhin untersucht, welcher der beiden gegenübergestellten Faktoren wichtiger für Jugendsprachreisen ist als der andere. Da es sich um einen paarweisen Vergleich handelt, wird, anders als in der Einflussmatrix, in eine Richtung bewertet, und die andere Richtung wird automatisch durch Invertierung der Bildung erstellt (vgl. Gausemeier et al. 2009, S. 69). Beispielsweise wurde entschieden, dass der Faktor ‚Bildung' wichtiger für Jugendsprachreisen ist als der Faktor ‚Mobilität'. Somit ist ‚Mobilität' automatisch unwichtiger als ‚Bildung', und auch dieses Ergebnis kann an der entsprechenden Stelle in die Matrix eingetragen werden. Das bedeutet, dass in der Relevanzmatrix, nicht wie in der Einflussmatrix 2.704, sondern nur die Hälfte, also 1.352 Entscheidungen getroffen werden mussten.

Im Entscheidungsprozess wurden die einzelnen Entscheidungen unter Berücksichtigung folgender Punkte getroffen:

- Betrachtet wurden die Faktoren aus deutscher Sicht.
    - Beispiel: Der weltweite Trend zur Demokratisierung vieler Länder ist für Deutschland nicht so sehr relevant, da Deutschland bereits eine Demokratie ist. Er ist also für Jugendsprachreisen von Deutschen bzw. in Deutschland lebenden Jugendlichen meist unwichtiger als andere Faktoren.

- Wenn ein Faktor nur zum Marktwachstum des Marktes der Jugendsprachreisen führt (mehr Kunden) und der andere Faktor aber möglicherweise den Jugendsprachreisemarkt bzw. das Produkt Jugendsprachreisen an sich verändert, war der zweite Faktor wichtiger.
  - Beispiel: Tourismusboom ist unwichtiger als Individualisierung, da ein Trend hin zur Individualisierung das Produkt der Jugendsprachreise an sich verändern könnte, der Tourismusboom aber nur einen Anstieg an Teilnehmerzahlen bedeutet.
- Wenn ein Faktor einen anderen Faktor mit einschließt, ist der größere Faktor wichtiger.
  - Beispiel: Der Trend zu mehr Bildung schließt den Trend hin zur Wissensgesellschaft mit ein, ist also deswegen wichtiger.
- Der Fokus der Entscheidung lag mehr auf dem Einfluss auf das Produkt Jugendsprachreise als auf den Jugendsprachreisemarkt.
  - Beispiel: Der Trend zur Liberalisierung könnte viele bestehende Prozesse für Jugendsprachreisen vereinfachen und ist deswegen zwar wichtig, der Asien-Trend aber könnte das Produkt an sich verändern und ist deswegen wichtiger.

Wie bei der Einflussmatrix ist die Entscheidungsfindung bei der Relevanzmatrix ebenfalls vom Trendforscher und dessen Meinung abhängig.

Im Anschluss an den Entscheidungsprozess wurde für jede Zeile die Zeilensumme = Relevanzsumme gebildet, die angibt, wie wichtig der jeweilige Faktor für das Untersuchungsfeld Jugendsprachreisen ist. Eine hohe Relevanzsumme bedeutet also, dass der Faktor wichtig für Jugendsprachreisen ist, eine niedrige Relevanzsumme bedeutet das Gegenteil.

5.2.3. Ranglisten

Aus den Ergebnissen aus der Einflussmatrix (Aktivsumme und Passivsumme) und aus der Relevanzmatrix (Relevanzsumme) wurden nun jeweilige Ranglisten erstellt, d.h. die Faktoren wurden der Größe der verschiedenen Ergebnisse nach sortiert.

Die erste Rangliste (siehe Tabelle 4) ist die der Relevanzsummen.

Tabelle 4: Relevanzsummen

Rang	Faktor	Relevanzsumme
1	Neo-Ökologie	50
1	Peer Education	50
3	Erlebnisorientierung	49
3	Nachhaltigkeit	49
5	Individualisierung	48
6	Ethisierung	47
7	Augmented Outdoor	45
8	Gesundheit	44
9	Salutogenese	43
10	Fragmentierung der Märkte	42
10	Self-Tracking	42
12	E-Learning	41
13	Early Adulting	40
14	Mass Customization	38
15	Female Shift	33
16	Feminisierung	32
16	Asien	32
16	Polarisierung der Märkte	32
19	Logistik und Verkehrsinnovationen	30
19	Globalisierung	30
19	Zunehmende int. Kooperationen	30
19	zunehmende Komplexität	30
23	Connectivity	29
24	Interkulturalisierung	28
25	Bildung	27

Hierfür wurden die 25 wichtigsten Faktoren, also die 25 Faktoren mit den höchsten errechneten Relevanzsummen, in die richtige numerische Reihenfolge gebracht. Dies entspricht ungefähr der Hälfte der insgesamt untersuchten Faktoren. Es wurden deswegen nur 25 Faktoren in der Liste dargestellt, da zum einen die Darstellung aller 53 Faktoren zu späteren Unübersichtlichkeiten geführt hätte und die untere Hälfte der Faktoren als Schlüsselfaktor ohnehin nicht in Frage kommt, zum anderen aber bei dieser Anzahl an dargestellten Faktoren noch ausreichend Auswahl zur Erarbeitung geeigneter Schlüsselfaktoren zur Verfügung steht.

Im Anschluss hieran wurden die Ranglisten für Aktiv- und Passivsumme gebildet (siehe Tabellen 5 & 6).

Tabelle 5: Aktivsummen

Rang	Faktor	Aktivsumme
1	Globalisierung	109
2	Bildung	90
3	Europäische Integration	87
3	Quartarisierung/Wissensgesellschaft	87
5	Nachhaltigkeit	84
6	Individualisierung	83
7	Internetisierung	79
8	Tourismusboom	77
8	Neo-Ökologie	77
8	Connectivity	77
11	Globales Wirtschaftswachstum	75
12	Peer Education	71
12	New Work	71
12	Mobilität	71
15	Zunehmende Komplexität	70
15	Urbanisierung	70
17	zunehmende int. Kooperationen	68
18	Female Shift	65
18	Feminisierung	65
20	Ethisierung	62
21	Mobilisierung	60
21	Augmented Outdoor	60
21	Informatisierung	60
24	Gesundheit	59
25	Early Adulting	57

Tabelle 6: Rangliste Passivsummen

Rang	Faktor	Passivsumme
1	Zunehmende Komplexität	109
2	Flexibilisierung	104
3	Fragmentierung der Märkte	101
4	Emanzipation der Kunden	99
4	Individualisierung	99
6	Globalisierung	89
7	Ethisierung	85
8	Mass Customization	81
8	Bildung	81
10	Globales Wirtschaftswachstum	79
10	Connectivity	78
12	Netzwerkwirtschaft	76
13	Nachhaltigkeit	75
13	New Work	75
15	Interkulturalisierung	72
16	Interdisziplinarisierung	71
17	Mobilität	67
17	Zunehmende int. Kooperationen	67
19	Peer Education	66
20	Quartarisierung/Wissensgesellschaft	65
21	Neo-Ökologie	64
22	Tourismusboom	62
23	Managementinnovationen	61
24	Convenience-Orientierung	55
25	Wissenssysteme	54
25	Mobilisierung	54

Für diese beiden Tabellen wurden zunächst ebenfalls jeweils die 25 Faktoren mit den höchsten Werten bei Aktivsumme und Passivsumme ausgewählt. Zusätzlich wurden ebenfalls diejenigen Faktoren berücksichtigt, die bei den jeweils anderen Ranglisten unter den ersten 25 Faktoren waren. Beispielsweise war der Faktor ‚Erlebnisorientierung' auf Platz drei der Rangliste der Relevanzsummen, war aber nicht unter den Top 25 der Aktiv- und Passivsummen-Ranglisten vertreten und wurde deswegen zusätzlich in diese Listen mit aufgenommen. Der Vollständigkeit halber wurden auch Faktoren mit gleichen ‚Punktzahlen' mit in die Aktiv- und Passivlisten aufgenommen. Zum Beispiel wurde der Punkt ‚Self-Tracking' mit in die Aktiv- und Passivlisten eingegliedert, da dieser Faktor die gleiche Passivsumme hat wie der Faktor ‚Liberalisierung', welcher aus anderen Gründen in der Liste aufgeführt ist. Auf diese Art und Weise sind alle Faktoren, die eine hohe Relevanzsumme aufweisen, also wichtig für den Untersuchungsgegenstand Jugendsprachreisen sind, in der Aktiv- und der Passivliste wiederzufinden. Der Übersichtlichkeit halber wurden an dieser Stelle die Listen jeweils nur bis zum 25. Ranglistenplatz eingefügt. Die vollständigen Listen befinden sich im Anhang (siehe Anhang 10-12).

5.2.4. System Grid

Das System Grid ist der nächste Schritt der Szenariofeld-Analyse zur Identifikation der Schlüsselfaktoren. Es wird mit Hilfe der im vorangegangenen Schritt angefertigten Ranglisten erstellt. Hierzu wurden die 25 Faktoren aus der Rangliste der Relevanzsummen plus fehlende Faktoren aus den höchsten 15 Rängen von Aktiv- und Passivliste in einen Datensatz gebracht. Mit Hilfe dieses Datensatzes wurde dann ein sogenanntes Blasendiagramm erstellt – das System Grid.

Abbildung 10: System Grid

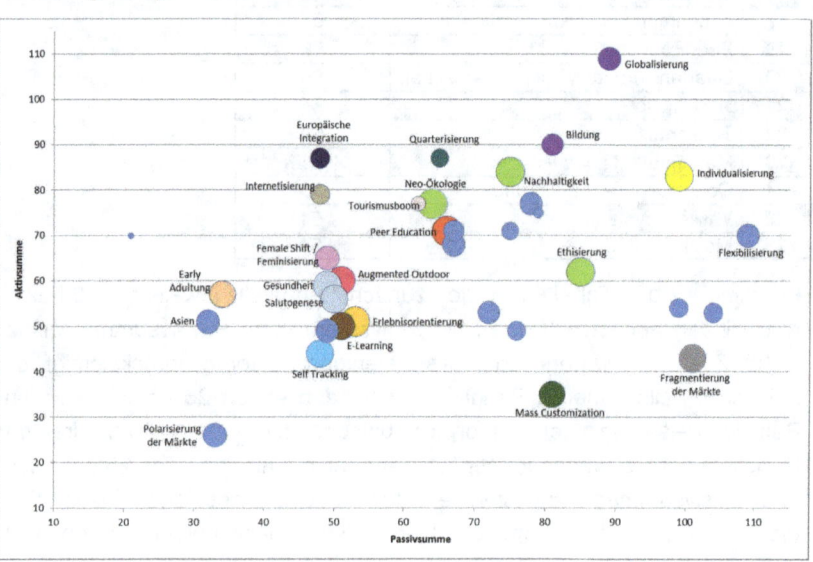

Quelle: eigene Darstellung

Die Aktiv- und Passivsummen geben hierbei die Position der Faktoren im System Grid an, der Durchmesser der einzelnen Blasen die Relevanz der

Faktoren für den Jugendsprachreisemarkt auf Basis der Relevanzsummen. Das bedeutet, je größer die Kugel ist, desto wichtiger ist sie.

Im System Grid in Abbildung 10 sind diejenigen Kugeln bunt eingefärbt, die in der Rangliste der Relevanzsummen auf den ersten 15 Rängen und in der Rangliste der Aktivsummen auf den ersten zehn Rängen liegen. Die restlichen Kugeln, die in mittelblau eingefärbt sind, dienen hierbei als Vergleichswerte. Faktoren, die sich untereinander ähnlich sind, wurden in derselben Farbe eingefärbt. Dies gilt folglich für die Gruppierung Gesundheit – Salutogenese (hellblau), Female Shift – Feminisierung (rosa) sowie Neo-Ökologie – Nachhaltigkeit – Ethisierung (grasgrün).

Das System Grid wurde dann nach fallenden Aktivsummen, also von oben nach unten, gescannt. Hierbei ist zu beachten, dass der Kugeldurchmesser für die Auswahl als Schlüsselfaktor wichtiger ist als die Positionierung im System Grid.

Aus dem System Grid wurden demnach folgende Faktoren als Schlüsselfaktoren ausgewählt:

1. Schlüsselfaktor: Neo-Ökologie – Nachhaltigkeit – Ethisierung
Diese drei Faktoren stehen im Ranking der Relevanzsummen auf den Plätzen eins, vier und sechs. Aufgrund ihrer Ähnlichkeit zueinander können diese drei Faktoren zu einem Schlüsselfaktor zusammengefasst werden, der im Folgenden unter dem Namen Neo-Ökologie weiter beschrieben wird. Es wurde der Name Neo-Ökologie hierfür gewählt, da es sich bei diesem Faktor um einen Megatrend handelt, und er die meisten Charakteristika der beiden anderen Faktoren mit einschließt.

2. Schlüsselfaktor: Peer Education
Auch wenn der Faktor Peer Education im Aktiv Ranking ‚nur' auf Platz zwölf steht, ist er aufgrund seiner sehr hohen Relevanz für den Untersuchungsgegenstand Jugendsprachreisen als Schlüsselfaktor zu bewerten.

3. Schlüsselfaktor: Erlebnisorientierung
Dieser Faktor wurde aufgrund seiner sehr hohen Relevanz (Platz 3 im Ranking der Relevanzsumme) für den Jugendsprachreisemarkt ausgewählt, auch wenn er beim Ranking der Aktivsummen nicht zu den oberen 25 gehörte.

4. Schlüsselfaktor: Individualisierung
Der Megatrend Individualisierung wurde als Schlüsselfaktor ausgewählt, da er auf Platz fünf der wichtigsten Faktoren für Jugendsprachreisen liegt und gleichzeitig eine sehr hohe Aktivsumme aufweist.

5. Schlüsselfaktor: Augmented Outdoor
Der fünfte Schlüsselfaktor ist der Faktor Augmented Outdoor, der nach den bereits ausgewählten Faktoren den nächsten Platz (Nr. 7) im Relevanzranking einnimmt. Außerdem sind alldiejenigen Faktoren, die eine höhere Aktivsumme aufweisen, entweder bereits als Schlüsselfaktor bestimmt oder weisen einen wesentlich kleineren Kreisdurchmesser auf, was bedeutet, dass sie nicht so wichtig für den Jugendsprachreisemarkt sind.

6. Schlüsselfaktor Gesundheit – Salutogenese
Da diese beiden Faktoren sich in ihrer Art sehr ähnlich sind, werden auch sie zu einem Schlüsselfaktor zusammengefasst, der im weiteren Verlauf mit dem Begriff Gesundheit beschreiben wird. Die beiden Faktoren wurden deshalb als Schlüsselfaktor ausgewählt, da es zwei Faktoren sind, die eine hohe Bedeutung für den Jugendsprachreisemarkt haben und die gleichzeitig eine höhere Aktivsumme aufweisen als der bereits als Schlüsselfaktor ausgewählte Faktor Erlebnisorientierung. Zusätzlich liegen sie im Aktivranking noch sehr nah an den Faktoren Augmented Outdoor und Ethisierung.

5.2.5. Definition der Schlüsselfaktoren
Nachfolgend werden die im Punkt System Grid ausgewählten Schlüsselfaktoren näher beschrieben. Die Beschreibung der einzelnen ausgewählten Schlüsselfaktoren ist wichtig, um ein Verständnis für die Faktoren zu erlangen, da sie als Grundlage für die im Phasenmodell nachfolgenden Schritte dienen.

Neo-Ökologie
Der Schlüsselfaktor Neo-Ökologie umfasst entgegen seinem Namen nicht nur Themen, die die Umwelt betreffen, sondern schließt zusätzlich auch die unter dem Aspekt der Nachhaltigkeit bekannten Bereiche der Wirtschaft und Gesellschaft mit ein. Weltweite Veränderungen wie Bevölkerungswachstum, Globalisierung, Klimawandel und Knappheit von Rohstoffen drängen zu einem verantwortungsbewussteren Umgang mit Ressourcen – sowohl im privaten Bereich als auch in der Wirtschaft. Themen wie

Corporate Social Responsibility, Umweltschutz, Gleichberechtigung, faire Arbeitsbedingungen, Menschenrechte, Verbraucherschutz, Tierschutz, Korruptionsbekämpfung, Energieeinsparung, erneuerbare Energien oder Recycling rücken mehr und mehr in den Fokus der Öffentlichkeit und verändern sowohl die Geschäftswelt als auch Privathaushalte oder andere Organisationen (vgl. Zukunftsinstitut GmbH 2007). Der Anteil erneuerbarer Energien am Endenergieverbrauch in Deutschland im Jahr 2011 betrug zum Beispiel 12,5% (0,7% Wasser, 2% Wind, 8,4% Biomasse, 1,3% Solarenergie/Geothermie), im Jahr 2000 waren es im Vergleich hierzu 3,8% (Bundesministerium für Umwelt, Naturschutz und Reaktorsicherheit 2012). Die Entwicklung in Richtung Nachhaltigkeit zeigt sich auch noch anhand verschiedener weiterer Faktoren. Beispielsweise ist die Energieproduktivität im Verlauf der letzten Jahre stetig angestiegen (1990 = 100%; 2012 = 147,35%) (vgl. Statistisches Bundesamt 2013b). Außerdem sind die Ausgaben für Umweltschutz in den letzten Jahren gestiegen. Wurden im Jahr 2000 33 Milliarden Euro für Umweltschutz ausgegeben, waren es im Jahr 2008 bereits 36 Milliarden Euro (Statistisches Bundesamt 2013d). Die Zahl der Beschäftigungen im Umweltschutz ist ebenfalls gestiegen. Im Jahr 2011 waren über 236.000 Personen im Umweltschutz tätig, 2008 waren es erst 165.000 (Statistisches Bundesamt 2013b). Zusätzlich gehen Frauen in Deutschland immer häufiger Erwerbstätigkeiten nach. Im Jahr 2001 waren 62% der Frauen in Deutschland berufstätig, im Jahr 2011 waren es 71% (Statistisches Bundesamt 2013c).

Indikatoren für den Trend Neo-Ökologie sind zum Beispiel
- die Zahl von Umweltschutzorganisationen,
- die Anzahl von Beschäftigten im Umweltschutz,
- die Frauenarbeitsquote,
- die Zusammensetzung des Energiemix,
- Indizes für Gleichberechtigung, faire Arbeitsbedingungen oder Lebensqualität.

Peer Education
Der Trend Peer Education umfasst, ähnlich wie andere Trends, mehrere Einzelaspekte. Grundsätzlich geht es darum, dass sich das Thema Bildung stark verändert.

Einer dieser Änderungsaspekte bezieht sich darauf, dass es in der Bildung oft nicht mehr darum geht, Fachkenntnisse zu erlernen und zu verinnerlichen, sondern dass es wichtiger ist, sich besondere Fähigkeiten anzueignen. Dies sind beispielsweise Fähigkeiten wie Kreativität, Selbstorganisation, Kritikfähigkeit oder Techniken, das Lernen an sich zu lernen. Lebenslanges Lernen ist hierbei das Stichwort. Der Trend hin zu mehr Individualität beeinflusst den Bereich Peer Education dahingehend, dass Bildungsentscheidungen immer mehr mit der eigenen Identität verknüpft sind und unter anderem auch dazu dienen, die eigene Persönlichkeit zu entwickeln. (vgl. Zukunftsinstitut GmbH 2012)

Ein weiterer Aspekt von Peer Education beschreibt die Tatsache, dass Lerninhalte nicht mehr ausschließlich in traditionellen Bildungseinrichtungen wie beispielsweise Schulen oder Universitäten vermittelt werden, sondern dass mittlerweile überall und zu jedem Zeitpunkt gelernt werden kann. Besonders wichtig hierbei ist das Internet. Do-it-yourself-Videos bzw. -Tutorials auf YouTube sowie der freie Zugang zu Wissen und Informationen im Internet tragen dazu bei, dass das Lernen auch mit Hilfe anderer Medien stattfindet als im klassischen Sinne üblich. Gibt man beispielsweise bei YouTube den Begriff ‚Tutorial' ein, erscheinen mehr als 82 Millionen Ergebnisse (YouTube 2013). Im Internet werden Online-Kurse von Universitäten, Fernstudiengänge, Sprachkurse und viele weitere Optionen zur Wissensvermittlung angeboten. Inzwischen haben sich verschiedene Lernplattformen gebildet, die Zugang zu Wissen auch mit anschließenden Zertifizierungen anbieten. (vgl. Zukunftsinstitut GmbH 2012)

Weiterhin gibt es eine Veränderung hin zum Do-it-yourself. Verändert hat sich hierbei vor allem die Motivation zu lernen, die an dieser Stelle nicht mehr aus dem äußeren Zwang der Gesellschaft zu Leistung hin entsteht, sondern von innen heraus aus Interesse oder Neugier. Unterstützend wirken hierbei Self-Tracking-Tools, die den Lernfortschritt dokumentieren. Diese werden vor allem in Form von Apps immer beliebter. Auch die Übertragung solcher Techniken in den traditionellen Unterricht ist ein Teil des Trends. (vgl. Zukunftsinstitut GmbH 2012)

Schließlich ist der Netzwerkgedanke ein großer Teil von Bildung geworden. Gelernt wird mit Hilfe von Lernplattformen und gleichaltrigen Gleichgesinnten. In diesem System kann man gleichzeitig Lernender und Lehrender sein. Kooperation und Eigenverantwortung stehen hierbei im Vordergrund. Außerdem geht es darum, dass es für jeden möglich ist, jederzeit genau das zu erlernen, was ihn interessiert, was nicht immer mit dem Bildungsverständnis im eigentlichen Sinne korrespondiert. (vgl. Zukunftsinstitut GmbH 2012)

Indikatoren für den Trend Peer Education sind zum Beispiel
- die Anzahl von Lernplattformen,
- die Anzahl von Repaircafés,
- die Anzahl von Video Tutorials im Internet,
- die Zahl von Universitäten, die Online-Kurse anbieten,
- die Anzahl der Fernstudiengänge,
- die Anzahl von Self-Tracking-Tools und informativen Apps.

Erlebnisorientierung
Durch steigenden Wohlstand und die Befriedigung aller Grundbedürfnisse der Menschen in Deutschland wächst das Bedürfnis nach Selbstverwirklichung. Emotionale Anregung und intensives Leben rücken in den Mittelpunkt der persönlichen Zielsetzungen. Dies führt zu einem immer größer werdenden Bedürfnis nach besonderen Erlebnissen, sei es auf Reisen, in der Natur, in Kultur, Sport oder Freizeit (vgl. Mićić 2006, S. 283ff). Dieser Hang zum Erlebnis wirkt sich auch auf Produkte und Dienstleistungen aus. Beispiele hierfür sind Freizeit- und Themenparks, deren Anzahl und Umsatz in den letzten Jahren stetig gestiegen sind (Statista GmbH, 2013). Der Erlebnisurlaub liegt mittlerweile auf Rang vier der häufigsten Urlaubsreisearten (Aderhold 2012, S. 98). Laut Tourismusanalyse 2010 finden besonders Jugendliche (14-17 Jahre) mit 34% und junge Erwachsene (18-24 Jahre) mit 31,5% den Abenteuerurlaub für die Zukunft interessant (Reinhard 2010, S. 48). Auf das besondere Erlebnis wird gespart, und es wird darauf hingearbeitet. Produkte werden immer mehr Ausdruck von Lebensgefühlen. Ein Beispiel hierfür ist der Werbeslogan für Becks Bier „Sail away, dream your dreams" in Kombination mit einem auf Freiheit und Selbstbestimmung ausgelegten Werbefilm (Männer auf Segelschiff segeln in den Sonnenuntergang und trinken ein Becks Bier). Und warb die Coca-Cola Company im Jahr 1929 noch mit den Worten ‚Köstlich und erfrischend', hieß es im Jahr 2010 ‚Mach dir Freude auf' (Coca-Cola Company 2009). Auch in etwas passiverer Form hat die Erlebnisorientierung Einzug in die Gesellschaft gehalten, etwa in Form von 3D-Kino, Internet-Rollenspielen oder Event-Dokumentationsfilmen (vgl. Mićić 2006, S. 283ff). Ebenfalls der Konsum an sich wird als Erlebnis gestaltet. In Einkaufszentren kann man längst nicht mehr nur Einkaufen

gehen, sondern den Aufenthalt mit einem Besuch im Kino, Erlebnisbad oder einer Achterbahnfahrt aufwerten.

Indikatoren für Erlebnisorientierung sind beispielsweise
- die Anzahl der Internet-Rollenspiele,
- erlebnisorientierte Urlaubsprodukte,
- die Anzahl von verschiedenen Extremsportarten und ihre Teilnehmeranzahl,
- der Umsatz in Themenparks,
- die Veränderung von Einkaufszenten zu Erlebniswelten.

Individualisierung
Der Megatrend Individualisierung wird stark von vielen Faktoren beeinflusst. Höhere Bildung und höherer Wohlstand, die Vernetzung durch das Internet und viele weitere Aspekte führen dazu, dass Menschen mehr Freiheiten haben und demzufolge auch mehr Optionen. Gesellschaftliche Zwänge und Normen rücken bei der Gestaltung des Lebens in den Hintergrund und weichen persönlichen Vorstellungen, Neigungen und Wünschen. Dadurch entwickelt sich eine Multioptions-Gesellschaft, was nicht nur Einfluss auf Produkte und Marken hat, sondern sich auch im persönlichen Zusammenleben widerspiegelt (vgl. Zukunftsinstitut 2007). So hat sich die Haushaltszusammensetzung von hauptsächlich Großfamilien um 1900 herum hin zur ‚Patchwork' Society verändert. Lebten im Jahr 1961 noch 14,3% der Deutschen in Haushalten mit fünf oder mehr Personen, waren dies im Jahr 2012 nur noch 3,3% (Statistisches Bundesamt 2013a). Dafür stieg die Anzahl der in Zwei-Personen-Haushalten lebenden Menschen von 26,5% auf 34,5% (Statistisches Bundesamt 2013a). Patchwork-Familien, alleinerziehende Elternteile, gleichgeschlechtliche Partnerschaften mit oder ohne Kinder oder Singlehaushalte sind zur Normalität geworden. (vgl. Zukunftsinstitut GmbH 2007a)

Durch die Zunahme an Freiheiten und Optionen wächst auch die Komplexität und Schnelllebigkeit. Selbstbestimmung hat nicht nur Vorteile, sondern stellt die Menschen auch vor Herausforderungen, die andere Generationen nicht bewältigen mussten. Die Frage nach dem Sinn des Lebens wird nicht mehr von Kirche und Religion bestimmt, denn deren Einfluss und Zahl der Anhänger ist seit 1990 kontinuierlich rückläufig (Statista GmbH 2012). Genuss, Selbstverwirklichung, Spaß und Freiheiten rücken immer mehr in den Lebensmittelpunkt. Trotzdem bleiben soziale

Werte wie beispielsweise Freundschaft, Hilfsbereitschaft, soziale Verantwortung oder Pflichtbewusstsein weiter wichtig und halten die Gesellschaft intakt (vgl. Zukunftsinstitut GmbH 2007).

Auch maßgeschneiderte und individualisierte Produkte sind eine wichtige Ausprägung von Individualisierung. Man kann sich im Internet sein eigenes Parfüm kreieren, Computer nach den eigenen Bedürfnissen selbst zusammenstellen, aus tausenden von Zeitungen und Zeitschriften, Autos, Hautcremes oder Kaffeesorten auswählen. Auch im Tourismus werden individualisierte oder teilweise individualisierte Reisen immer häufiger. Bausteinreisen vereinfachen die Zusammenstellung des Produktes, das zwar letztendlich immer noch nicht einzigartig, aber immerhin ein klein wenig besonders ist (vgl. Mićić 2006, S. 267f; Zukunftsinstitut GmbH 2007).

Auch Flexibilität wird im Zuge der Individualisierung immer wichtiger. Alles wird danach ausgerichtet, persönlichen Bedürfnissen gerecht zu werden. Ist dies nicht länger der Fall, wird gewechselt. Sei es das Produkt, die Marke, der Job oder der Lebenspartner.

Indikatoren für Individualisierung sind beispielsweise
- die Veränderung der Haushaltszusammensetzung,
- die Anzahl an Kaffeesorten, Cremesorten o.Ä.,
- die Anzahl der Bausteinreisen oder individuell geplanten Reisen an allen Urlaubsreisen,
- die Abnahme der Bedeutung von Kirche und Religion,
- die steigende Bedeutung von Selbstverwirklichung oder Freiheit.

Augmented Outdoor

Der Begriff ‚Augmented Outdoor' lässt sich nicht wortwörtlich ins Deutsche übersetzten. In einer freien Übersetzung bedeutet er so viel wie ‚erweitertes Freilufterlebnis' und beschreibt, wie Naturerlebnisse mit Hilfe von Technologie erweitert werden können. Technologie ist in diesem Zusammenhang nicht ausschließlich Technik im Sinne von Computern oder Maschinen aus dem Industriezeitalter, sondern auch Hightech, welche teilweise unsichtbar, beispielsweise in Form von spezieller Funktionskleidung, in das Naturerlebnis mit eingebunden wird. In diesem Zuge werden sowohl Sicherheit als auch Komfort für den Kunden erhöht. (vgl. Zukunftsinstitut GmbH 2012, S. 21ff)

Dieses ‚Add-on' von Technologie im Naturerlebnis gilt nicht nur für Extremsportarten unter freiem Himmel, sondern kann auch für kleine Informationen rund um das Naturerlebnis selbst genutzt werden. Beispiele hierfür sind Apps für Tourenführer, Routenplaner, Pflanzenbestimmung oder einfache Wetterberichte. Weiterhin wird die Natur durch Technik erst erlebbar gemacht. Ohne Technik wäre beispielsweise eine Reise in die Arktis oder das Tiefseetauchen kaum vorstellbar. Außerdem macht Technik extreme Naturerlebnisse für eine breite Masse zugänglich. Dies zeigt sich beispielsweise am Mount Everest, dem höchsten Punkt unserer Erde. Seit Edmund Hillary und Tenzing Norgay im Jahr 1953 als erste den Gipfel bestiegen, hat sich die Zahl der Mount Everest Bergsteiger vervielfacht. Über 5.000 Menschen standen bis heute schon auf dem Gipfel (CBC 2013). Die meisten davon mit Hilfe von Funktionskleidung, Sauerstoffgeräten und anderen technischen Utensilien, ohne die eine Gipfelbesteigung für viele unmöglich gewesen wäre. Auch E-Bikes, Gelände-Buggys für Babys, Tracking Apps für Jogger und viele weitere Erfindungen tragen dazu bei, Outdoor-Sport massentauglicher und interessanter zu machen. (vgl. Zukunftsinstitut GmbH 2013, S. 21ff) Technologie lässt Menschen die Natur auf eine andere Art und Weise erleben. Wichtig hierbei ist der Anspruch auf ein ‚authentisches' Naturerlebnis, bei dem Nachhaltigkeit und Ressourcenschonung immer wichtiger werden. Eine Kombination aus psychischem Wohlbefinden, Gesundheit und Naturerlebnis wird angestrebt (vgl. Zukunftsinstitut GmbH 2013, S. 28).

Der Megatrend Urbanisierung führt in diesem Zusammenhang dazu, dass die Gelegenheit, Zeit in der Natur zu verbringen, voll und ganz ausgekostet wird, um ein optimales Erlebnis zu generieren. Mit Hilfe der Technik kann ein Naturerlebnis heutzutage planbar und somit eventisiert werden. (vgl. Zukunftsinstitut GmbH 2013, S. 21ff)

Indikatoren für den Faktor Augmented Outdoor sind beispielsweise
- die Anzahl der Anbieter für Outdoor-Bekleidung und -Ausrüstung,
- Apps für Outdoor-Sportarten,
- das Investitionsvolumen in Technik für Outdoor-Equipment,
- die Anzahl der E-Bikes,
- die Anzahl der Navigationsgeräte für Fahrradtouren oder Wandern.

Gesundheit
Das Thema Gesundheit umfasst viele Einzelaspekte wie Körper, Ernährung, Sport, Lebensqualität oder Life-Work-Balance. Hierbei geht es nicht alleine um die körperliche, sondern auch um die seelische Gesundheit

(vgl. Zukunftsinstitut GmbH 2007). Ein gesunder Körper und ein gesunder Geist müssen für ein zufriedenes, vollkommenes Leben koexistieren. Bei der Gesundheit ist es nicht mehr nur wichtig, Krankheiten zu behandeln, sondern vor allem auch, ihnen vorzubeugen. Ein gesunder Lebensstil wird deswegen immer zentraler. Hierzu gehören sowohl gesunde Ernährung und Sport, als auch beispielsweise der Verzicht auf Alkohol und Zigaretten oder eine Zunahme von stressmindernden Maßnahmen in Beruf und Freizeit wie Meditation, vermehrte Pausen während der Arbeitszeit in Unternehmen, Wellness-Anwendungen und Wellness-Einrichtungen oder alternative Medizin. (vgl. Mićić 2006, S. 301ff)

Der Gesundheitsbegriff bzw. das Verständnis von Gesundheit hat sich über die Jahre von Gesundheit = ‚Abwesenheit von Krankheit' hin zu Gesundheit = ‚Ganzheitliche Gesundheit von Körper, Geist, Seele, Beruf, Lernen und Familie' gewandelt (vgl. Zukunftsinstitut GmbH 2007).

Indikatoren für die wachsende Bedeutung von Gesundheit sind zum Beispiel
- das Umsatzvolumen im Wellness-Markt,
- die steigende Anzahl von Bio-Produkten,
- die Zahl der Raucher,
- der Umsatz mit Functional Food oder Ernährungszusätzen,
- die Anzahl der Mitglieder in Fitnessclubs,
- die privaten Gesundheitsausgaben.

5.3. Szenario-Prognostik

Im Schritt der Szenario-Prognostik werden für jeden der im Schritt der Szenariofeld-Analyse ausgewählten und beschriebenen Schlüsselfaktoren drei Entwicklungsmöglichkeiten erarbeitet. Dies geschieht mit Hilfe des in Kapitel 3.3. beschriebenen Szenario-Trichters und der in Kapitel 3.1. beschriebenen Möglichkeiten zur Erstellung von Zukunftsprojektionen.

Abbildung 11: Szenario-Trichter

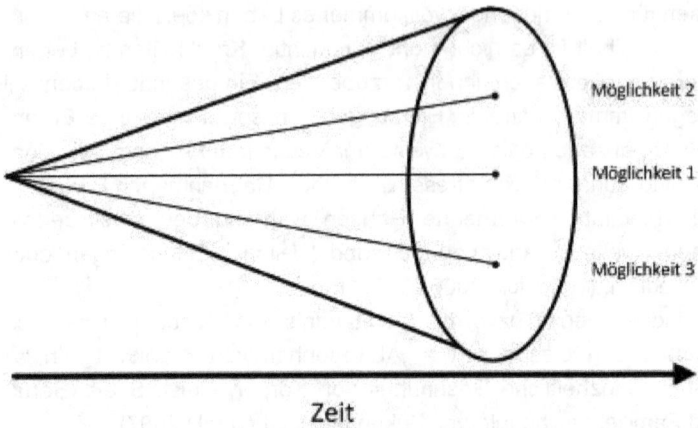

Quelle: Eigene Darstellung in Anlehnung an Kosow et al. 2008, S. 40

Abbildung 11 macht deutlich, wie innerhalb des Szenario-Trichters verschiedene Zukunftsszenarien aus einem Ausgangspunkt heraus entstehen. Dieser Ausgangspunkt ist die Beschreibung der jeweiligen ausgewählten Schlüsselfaktoren. Es werden in diesem Zusammenhang folglich 6x3 Zukunftsprojektionen erstellt, für jeden Schlüsselfaktor drei einzelne Projektionen. Möglichkeit 1 beschreibt hierbei meist eine gradlinige Weiterführung der Trends in die Zukunft. Äußere Einflüsse werden hierbei so gut wie außer Acht gelassen. Die zweite Möglichkeit beschreibt meist eine Beschleunigung der Entwicklung bzw. eine optimistische Projektion, und die dritte Möglichkeit beschreibt meist eine Option, bei der sich der Trend abschwächt, sich Gegenströmungen entwickeln oder der Trend von äußeren Einwirkungen beeinflusst wird.

In den folgenden Abschnitten werden die jeweiligen Zukunftsprojektionen für jeden Trend beschrieben.

5.3.1. Neo-Ökologie

Möglichkeit 1: In dieser Zukunft wird auf fossile Brennstoffe wie Öl oder Gas nicht verzichtet werden können. Trotzdem spielen vor allem erneuerbare Energien eine immer größere Rolle. Bewusster Umgang mit Energie rückt weiter in den Fokus der Menschen. Der Anteil der erneuerbaren Energien am Energiemix wird steigen, aber erneuerbare Energien werden nicht den gesamten Energiebedarf decken. Energieeffizienz und Materialeffizienz werden im Zuge dieser Entwicklung ebenfalls weiter steigen. Hierbei spielen beispielsweise auch Gebäudedämmung oder Umwelttechnologien eine Rolle. Außerdem wird die Anzahl der Frauen, welche einer Erwerbsarbeit nachgehen, wohl noch weiter steigen. Gleichberechtigung, faire Arbeitsbedingungen und Lebensqualität werden als Themen in Alltag, Beruf und Politik weiter zunehmen und eine immer größere Rolle spielen. Die Nachfrage nach fair gehandelten Produkten wird leicht ansteigen und Bio-Produkte, wie es sie heute gibt, werden nach wie vor eine Rolle auf dem Verbrauchermarkt spielen. Umweltschutz ist noch kein Muss, um Produkte vertreiben zu können, kann aber ein Alleinstellungsmerkmal darstellen und somit auch zu Wettbewerbsvorteilen führen.

Möglichkeit 2: Die Nachfrage nach umweltfreundlichen Technologien, erneuerbarer Energie oder Fair-Trade-Produkten wird extrem ansteigen. Der Anteil an erneuerbaren Energien im Energiemix wird stark steigen und fossile Brennstoffe werden als reine Energiequelle in den Hintergrund gedrängt, da diese auch immer knapper und folglich kostenintensiver werden. Trotz alledem gibt es immer noch fossile Brennstoffe, da ohne sie eine flächendeckende Energieversorgung nicht möglich ist. Im Zusammenhang mit Fair-Trade-Produkten sowie Öko- oder Biosiegeln werden diese nicht nur immer häufiger nachgefragt, sondern es gibt auch mehr und mehr Zertifizierungssysteme, die gleichzeitig strenger, aber auch transparenter für Verbraucher sind. Der Verbraucherschutz greift an diesen Stellen immer besser, da er auch immer mehr gefragt ist, um Sicherheit bei diesen, für die Menschen wichtigen, Aspekten zu geben. Tierschutz rückt mehr und mehr in den Vordergrund, was auch dazu führt, dass mehr Menschen sich vegetarisch ernähren. Gleichzeitig werden Massentierhaltung und Antibiotikanutzung bei Nutztieren immer unbeliebter und folglich seltener. Die Bevölkerung achtet mehr darauf, was sie konsumiert. Es werden mehr Jobs im Umweltsektor geschaffen, da nicht nur die Anzahl an Umweltorganisationen, sondern auch das Umweltbewusstsein in anderen Unternehmen steigt und Themen wie Corporate Social Responsibility und Nachhaltigkeit immer mehr ins Zentrum der Aufmerksamkeit rücken. Die Notwendigkeit für nachhaltiges Wirtschaften ist den Verbrauchern bewusst, so dass sie diesen Aspekt als ‚Must-have Criteria' ansehen und nicht mehr nur noch als ‚Add-on' zu dem Kernprodukt. Weiterhin wird die Gleichberechtigung (nicht nur von Frauen und Männern, sondern beispielsweise auch von Homosexuellen und in vielen anderen Bereichen) wichtiger und mehr und mehr zu einer Selbstverständlichkeit. Viele Menschen versuchen, von der ‚Wegwerfgesellschaft' wegzukommen, und bemühen sich, Müll sinnvoll zu trennen und vor allem zu vermeiden. Außerdem entwickeln sich Organisationen, die gegen Produkte mit ‚eingebautem Verfallsdatum' vorgehen.

Möglichkeit 3: Die Nachfrage nach erneuerbaren Energien und Technologien sowie nach Bio- und Fair-Trade-Produkten stagniert und sinkt teilweise sogar, da diese Produkte zu teuer sind und durch Unzuverlässigkeit und falsche Versprechungen das Vertrauen in diese Technologien und Produkte gesunken ist. Viele Firmen nutzen Umweltaktionen oder Umweltaspekte ausschließlich als Verkaufsmasche, um eine höhere Anzahl ihrer Produkte vertreiben zu können. Dieses ‚greenwashing' hilft zwar den Unternehmen und vor allem der Wirtschaft kurzfristig, ist aber nicht nachhaltig. Fossile Brennstoffe spielen weiter eine sehr große Rolle im Energiemix. Dies liegt zum einen daran, dass das Potenzial an erneuerbaren Energien so gut wie ausgeschöpft ist, aber auch daran, dass das Vertrauen in solche Technologien gesunken ist, da mehr und mehr Nachteile ans Licht kommen. Vor allem die steigenden Kosten schrecken viele Menschen ab. Auch der Verbraucherschutz kann dieser Entwicklung nicht entgegenwirken, da die Unternehmen zu viel Macht und Einfluss haben. Die Frauenarbeitsquote bleibt auf gleichem Niveau und auch im Bereich der Gleichberechtigung werden keine nennenswerten Fortschritte erzielt. Die Anzahl der Beschäftigten im Umweltschutz bzw. in Bereichen, die sich mit Umweltschutz und Nachhaltigkeit beschäftigen, bleibt gleich. In Deutschland versucht die Politik mit Gesetzen, dem Prozess entgegenzuwirken, bringt aber beispielsweise mit einem unübersichtlichen Recyclingwahn kein Licht ins Dunkel. Der Bevölkerung ist das Thema Umweltschutz und Nachhaltigkeit zwar im Grunde immer noch wichtig, durch falsche Versprechungen und Unübersichtlichkeit ist aber das Vertrauen der Menschen in diese Themen stark gesunken. Aus Frust distanzieren sich viele von dem Thema, weil sie der Meinung sind, dass sie von der Industrie nur belogen und ausgenutzt werden und eine Änderung ihres Verhaltens nur ein sprichwörtlicher ‚Tropfen auf dem heißen Stein' sei, der gleichzeitig mit erheblichen Kosten und Einschränkungen einhergehe.

5.3.2. Peer Education

Möglichkeit 1: Der Trend zum Lebenslangen Lernen anstelle des einfachen Erlernens von Wissen wird weiter fortgesetzt. Für die jüngeren Generationen ist es zur Selbstverständlichkeit geworden, eher Fähigkeiten als Wissen zu erlernen. In diesem Zuge wird die Anzahl von Lernplattformen, Repaircafés, Online-Kursen von Universitäten und Fernstudiengängen weiter ansteigen. Apps zum Erlernen von Fähigkeiten oder Wissen werden weiter genutzt und breiten sich vom Freizeitsektor auf traditionelle Bildungseinrichtungen aus. Das bedeutet, es wird immer leichter, sich über alle möglichen Aspekte des Lebens zu informieren, nicht nur über traditionelle Bildungsbereiche. Das Erlernen von unterschiedlichen Fähigkeiten wird immer leichter möglich und das traditionelle Bildungssystem muss sich auf diese Veränderungen einstellen und sich anpassen. Wissen wird zwar weiterhin in den traditionellen Bildungseinrichtungen vermittelt, doch werden alternative Lernangebote immer attraktiver, vor allem wenn es um spezialisierte Aspekte geht. So wird die Grundausbildung weiterhin in Schulen stattfinden und Studiengänge wie Medizin, Jura oder Lehramt werden weiterhin in den Universitäten vermittelt. Andere Fächer aber, wie beispielsweise Managementkurse o.Ä., werden zunehmend online angeboten. Vor allem bei Freizeitaspekten steht Peer Education im Vordergrund. Frisuren selber machen, Kochen lernen, die Waschmaschine reparieren, Esperanto lernen; tausende kleine Fähigkeiten, die nicht dem konventionellen Bildungsverständnis entsprechen, werden im Rahmen von Apps, Lernplattformen oder Internetforen vermittelt. Zusammengefasst wird Alltagswissen oder Wissen in Zusammenhang mit Freizeitbeschäftigungen immer mehr im Internet angeboten.

Möglichkeit 2: Das Internet mit allen seinen Möglichkeiten und Facetten wird zum zentralen Punkt der Wissensvermittlung. Die Anzahl an Fernstudiengängen und Online-Kursen steigt drastisch. Einzelne Aspekte der Bildungseinrichtungen (Immatrikulation, Kurswahl, Stundenplanerstellung, Dokumentenweitergabe etc.) laufen nur noch online ab. Auch innerhalb der traditionellen Bildungseinrichtungen wird das Internet als Wissensquelle genutzt und vor allem der richtige Umgang mit dem Internet und seinen Möglichkeiten gelehrt. Lernplattformen, bei denen Wissen und Fähigkeiten gegenseitig vermittelt werden, nehmen einen großen Teil der Wissensvermittlung ein, vor allem im Freizeitsektor. Die Tatsache, dass Wissen überall und jederzeit zur Verfügung steht, hat großen Einfluss sowohl auf Bildung als auch auf Freizeitgestaltung. Lernen auf Lernplattformen oder im Zusammenhang mit Video-Tutorials wird immer wichtiger, besonders zur Weiterbildung außerhalb von Schule und Universität sowie in der Freizeit. Denn jeder kann mit Hilfe des Internets genau das lernen, was ihn interessiert, und ist somit nicht mehr von der Wissensvermittlung in Bildungseinrichtungen abhängig. Mit Hilfe von Self-Tracking-Tools kann der individuelle Lernfortschritt genau dokumentiert werden, sowohl fremd- als auch eigengesteuert. Die Vergabe von Zertifikaten und Bescheinigungen für Online-Kurse etc., die sich mit gefragten Fähigkeiten wie Sprachen, Rhetorikfertigkeiten oder anderen Soft Skills beschäftigen, wird perfektioniert und immer mehr anerkannt. Trotz allem bleiben traditionelle Bildungseinrichtungen weiter bestehen, müssen sich aber auf starke Veränderungen einstellen.

Möglichkeit 3: Lernplattformen, Do-it-yourself-Einrichtungen und Self-Tracking-Tools bleiben eine Randerscheinung. Nur wenige Personen nehmen sie in ihren Alltag mit auf. Gegen traditionelle Bildungseinrichtungen können sie sich nicht durchsetzen. Der Hauptanteil der Wissensvermittlung findet weiter durch traditionellen Unterricht statt. Peer-to-Peer-Konzepte bilden höchstens eine nette Abwechslung für zwischendurch, können aber den Frontalunterricht durch einen Experten nicht ablösen. So werden zwar Online-Kurse von vielen Universitäten angeboten, diese dienen aber nur als Unterstützung, und die aktive Teilnahme an Vorlesungen vor Ort ist immer noch wesentlich wichtiger. Dies liegt vor allem daran, dass es durch die große Informationsflut immer schwieriger wird, Wichtiges von Unwichtigem zu trennen und Experten im Internet nur schwer als solche identifizierbar sind. Klassische Bildungsformen bieten im Gegensatz dazu allerdings immer noch Sicherheit und Verlässlichkeit, was von vielen Menschen und vor allem von Unternehmen anerkannt wird. Auch in anderen Bereichen wie Freizeit, Sport oder Haushalt wird es für viele Personen wichtiger, sich auf einen wahren Experten verlassen zu können, vor allem um Qualität zu garantieren. Self-Tracking-Tools werden nur für Freizeitaktivitäten wie beispielsweise Joggen eingesetzt, um Fortschritte zu dokumentieren, nicht aber im Bildungssektor. Auch Video-Tutorials können sich für das Erlernen von gefragten Fähigkeiten nicht durchsetzen. Das Konzept des Lebenslangen Lernens ist zwar weiter wichtig, wird aber hauptsächlich in anerkannten Bildungseinrichtungen vorgenommen (Schulen, Universitäten, Volkshochschulen etc.) und nicht durch im Internet bereitgestellte Portale. Die vielen im Internet angebotenen Zertifikate werden kaum anerkannt, da es hier keine Einheitlichkeit gibt und Nachweise schwer zu überprüfen sind.

5.3.3. Erlebnisorientierung

Möglichkeit 1: Das Bedürfnis nach Selbstverwirklichung hält weiter an. Intensives Leben mit möglichst vielen individuellen Erlebnissen ist für viele Personen sehr wichtig. Erlebnisurlaube und Abenteuerurlaube sind weiterhin sehr beliebt bei den Menschen, können aber andere Urlaubsformen nicht von deren Spitzenpositionen verdrängen. Produkte werden immer häufiger nicht nur als Produkt, sondern als Ausdruck eines bestimmten Lebensgefühls beworben. Besonders in der Freizeitgestaltung wird der Drang danach, etwas Besonderes zu erleben und seine Zeit nicht sinnlos zu verschwenden, deutlich. Ziel ist es, die Erlebnisse in Natur, Kultur, Sport, Reise oder Freizeit speziell zu gestalten oder sie als solches darzustellen. Extremsportarten und Randsportarten werden zahlreicher, beliebter und breiten sich weiter aus. Erlebniswelten wie beispielsweise Science Center bieten Erlebnisse für die ganze Familie und werden weiterhin besucht.

Möglichkeit 2: Das Bedürfnis nach Selbstverwirklichung ist sehr stark angestiegen, da Materielles allzeit zur Verfügung steht. Der Drang nach immer intensiverem Leben zeigt sich vor allem in Urlaub und Freizeit. Urlaube müssen nicht nur etwas Besonderes, sondern vor allem viele verschiedene Erlebnisse in einem relativ kurzen Zeitraum bieten. Hierbei geht es zwar weiterhin darum, ein Erlebnis zu generieren, beispielsweise durch spezielle Sportarten, Veranstaltungen, Ausflüge etc., es ist aber nicht mehr ausreichend, den Fokus auf eine einzelne Option zu setzen. Ein Urlaub muss alles bieten, damit vom Kunden flexibel ausgewählt werden kann. Auch die Freizeitgestaltung entwickelt sich in diese Richtung. Produkte und Dienstleistungen müssen zur Verbesserung der Lebensqualität beitragen, aber gleichzeitig die favorisierte Lebensweise ausdrücken und unterstützen. Der materielle Nutzen eines Produkts wird durch eine emotionale Komponente verstärkt. Selbst simple Aktivitäten, wie beispielsweise einfach nur am Strand zu liegen, werden mit Hilfe von Fotos, Videos o.Ä. zu etwas Besonderem gemacht. Diese ‚Eventisierung' zeigt sich in vielen Bereichen des Lebens. Erlebniswelten erfreuen sich einer steigenden Beliebtheit und auch der langweilige Einkaufsbummel wird beispielsweise in Einkaufszentren mit angeschlossenen Spaßbädern, Freizeitparks und weiteren Attraktionen aufgewertet. Ziel des Ganzen ist es, dem langweiligen Alltag zu entfliehen und seine verbliebene Zeit möglichst intensiv zu nutzen. Der Drang danach, etwas zu erleben und sich selbst zu verwirklichen, schlägt sich aber nicht ausschließlich in der Freizeit, sondern auch in der Arbeitswelt nieder. Viele Menschen befreien sich aus den Zwängen ihres Jobs und gehen Tätigkeiten nach, die ihnen Spaß machen. Geld rückt in den Hintergrund, so lange eine Grundsicherung des Lebens vorhanden ist. Viele Menschen wollen sich nicht mehr nur in der Freizeit, sondern auch im Beruf verwirklichen.

Möglichkeit 3: Das Bedürfnis der Menschen nach Selbstverwirklichung existiert zwar weiter, aber findet nicht so starken Ausdruck in der Erlebnisorientierung, der Selbstdarstellung oder dem Konsum. Um der Schnelllebigkeit des Alltags zu entfliehen, wollen immer mehr Menschen in ihrer Freizeit Ruhe und Entspannung finden. Gesucht wird nach ursprünglichen und authentischen Erlebnissen, nicht nach künstlich erzeugter Massenware. Zwar existieren Extremsportarten, Randsportarten und Erlebniswelten weiter, aber sie geraten aufgrund der Schnelllebigkeit auch wieder in Vergessenheit bzw. werden nach einmaliger Nutzung durch das nächste Erlebnis ausgetauscht. Die Zahl der Freizeitpark- und Erlebnisweltenbesucher ist in diesem Zusammenhang ebenfalls gesunken, da Konsum an sich als Zeitvertreib nicht mehr so sehr akzeptiert wird. Der Drang nach Erholung, Natur o.Ä. ist stärker als der nach Nervenkitzel oder Massenware. Strandurlaub mit Fokus auf Erholung bleibt weiterhin die beliebteste Urlaubsform. Zwar gibt es nach wie vor Erlebnisreisen, diese machen aber nur einen kleinen Teil der gesamten Urlaubsreisen aus und bleiben weiterhin eine Randerscheinung. Da sich die zur Verfügung stehende Freizeit und Urlaubszeit nicht erhöht, wird es auch nicht einfacher, so viel wie möglich zu erleben. Denn es besteht weiterhin der Bedarf nach Erholung, Ruhe sowie Zeit für Familie und Freunde. Freizeitaktivitäten, die dieses Bedürfnis nach Ruhe und Erholung unterstützen und die eventuell auch gemeinsam erlebbar sind, erfreuen sich neuer Beliebtheit.

5.3.4. Individualisierung

Möglichkeit 1: Der Trend der Individualisierung bleibt ungebrochen. Menschen leben weiterhin gerne in Zwei-Personen-Haushalten, aber auch alle anderen Formen des Zusammenlebens sind weiter möglich, verbreiten sich und werden gesellschaftlich immer besser akzeptiert. Frauen werden in diesem Zusammenhang immer später schwanger, bekommen weniger Kinder als früher und sind dabei immer seltener verheiratet. Genuss, Selbstverwirklichung, Spaß und Freiheiten bestimmen weiterhin die Lebensgestaltung. Dies spiegelt sich vor allem in der immer weiter reichenden Individualisierung bzw. Personalisierung von Produkten und Dienstleistungen wider. Es gibt immer mehr selbst zusammenstellbare Produkte; das Internet macht es möglich. Hierbei liegt der Fokus weiter auf dem Bausteinsystem. Dieses wird, trotz der höheren Komplexität im Gegensatz zu anderen Produktformen, immer beliebter. Die Bedeutung von Kirche und Religion nimmt weiter ab, wird aber oft durch andere Lebensphilosophien ersetzt. Trotzdem bleiben gesellschaftliche Werte weiterhin von Bedeutung. Es entwickeln sich weiter neue Sportarten, Musikrichtungen oder Events, um allen Bedürfnissen gerecht zu werden.

Möglichkeit 2: Der Trend hin zur Individualisierung steigt stark an. Besonders im Bereich der Produkt- und Dienstleistungserstellung ist dies zu spüren. Der Kunde wird immer häufiger in die Wertschöpfungskette mit einbezogen und kann aus einer immer größer werdenden Vielfalt an Optionen sein Produkt gestalten. Eigene Designs können zum Beispiel Produkte besonders personalisieren. Bei Reisen gibt es immer mehr Bausteinreisen, auch wenn die Pauschalreisen noch nicht verschwunden sind. Außerdem ist das komplett individuelle Reisen weiter auf dem Vormarsch. Hierbei ist die Reise oft selbstorganisiert, es existieren aber bereits mehr und mehr Angebote von Firmen, die diesen Bedürfnissen gerecht werden. Hierbei gilt es nicht mehr, nur Orte zu besichtigen, sondern ein persönliches Erlebnis zu generieren, welches möglichst einzigartig ist. Mit Hilfe von sozialen Netzwerken und anderen Reiseplattformen, wie beispielsweise ‚Couchsurfing', ist dies leichter möglich. Viele Menschen versuchen, aus den gesellschaftlich vorgegebenen Zwängen und Normen auszubrechen. Dies schlägt sich sowohl in der Freizeitgestaltung als auch im Berufsleben oder der Bildung nieder. Persönliche Wünsche und Neigungen rücken mehr und mehr in den Vordergrund. Flexibilität und Freiheit sind Werte, die ebenfalls immer wichtiger werden. Kirche und Religion finden in dieser Weltanschauung immer weniger Platz, da sie Regeln vorgeben, welche die persönlichen Wünsche einschränken könnten. Aufgrund der geforderten Flexibilität wird es für Unternehmen immer schwieriger, Kunden zu halten. Individualisierung wird auch als Methode zur Abgrenzung zu anderen genutzt. Menschen versuchen, sich von der Masse abzuheben, um etwas Besonderes zu sein.

Soziale Werte stehen, im Gegensatz zu Beruf und Karriere, stark im Vordergrund.

Möglichkeit 3: Der Individualisierungstrend stagniert. Die Zusammensetzung der Haushalte verändert sich kaum noch. Es werden zwar weiterhin Produkte angeboten, die personalisierbar sind, aber oft fehlt den Menschen die Zeit und Muße, sich alles selbst zusammenzustellen. Genuss, Spaß, Freiheit und Selbstverwirklichung sind zwar immer noch wichtig, aber sie werden zunehmend von globalen, sozialen oder anderen Problemen überschattet. Soziale Verantwortung und Pflichtbewusstsein breiten sich im Zuge dessen weiter aus. Die Gesellschaft entwickelt eine zunehmende Antipathie gegenüber der oft durch die Individualisierung geforderten Flexibilität. Auch der Überfluss an Optionen stellt viele Menschen vor eine Herausforderung. Viele Personen verlassen sich auf bekannte Produkte, bei denen sie kein Risiko eingehen. Neigungen und Wünsche sind unübersichtlich und unkonkret. Es entsteht ein Verlangen nach Sicherheit, Struktur und Planbarkeit für Beruf, Familie und Freizeit. Die Komplexität und Schnelllebigkeit der Umwelt wird oft als etwas Negatives erachtet. Infolgedessen versuchen viele Menschen, die Planung von Freizeit und Urlaub abzugeben, und suchen gleichzeitig nach mehr Ruhe.

5.3.5. Augmented Outdoor

Möglichkeit 1: Technische Veränderungen ermöglichen es weiterhin vielen Menschen, die Natur auf verschiedenste Art und Weise zu erleben. Die Investitionen in neue Technologien im Zusammenhang mit Natur, Outdoor-Sportarten oder anderen Aktivitäten zahlt sich aus. Mehr Menschen lernen diese Möglichkeiten kennen und nutzen die Angebote, um ihre Erlebnisse in der Natur zu planen und zu perfektionieren. E-Bikes werden immer beliebter, Funktionskleidung wird alltagstauglicher und das Smartphone unterstützt bei vielen Outdoor-Aktivitäten, beispielsweise bei der Informationssuche. Die anhaltende Urbanisierung unterstützt den Wunsch nach authentischen Naturerlebnissen und Naturerlebnissen als Ausgleich zum Alltag. Aus diesem Grund werden auch Outdoor-Sportarten immer beliebter. Die Digitalisierung des Alltags unterstützt die Technisierung der Naturerlebnisse ebenfalls. Der Drang, die Natur zu erleben, hat auch Einfluss auf die Reisebranche, die sich durch individuellere Angebote auf die wachsende Nachfrage einstellen muss. Außerdem wird es wichtiger, Tourismusführer oder Touren auch digital anzubieten. Trotzdem gibt es noch eine relativ große

Anzahl an Personen, die nicht technikaffin sind und deswegen weiter traditionelle Naturerfahrungen machen wollen.

Möglichkeit 2: Viele neue technische Entwicklungen vergrößern die Potenziale von Augmented Outdoor. Es herrscht Einsicht darüber, dass Natur ohnehin fast überall vom Menschen geprägt ist und deswegen Technik auch ein Weg ist, um mit der Natur umzugehen und sie auf diesem Wege zu erleben. Der Ist-Zustand der Natur soll hierbei soweit möglich beibehalten werden. Im Zuge der Weiterentwicklung des Internets wird auch Wissensvermittlung rund um Natur, Outdoor-Sport und -Aktivitäten jederzeit per Smartphone möglich. Technikfeindlichkeit im Zusammenhang mit der Natur ist kaum zu finden, da alles auch einfach anwendbar ist. Den Aufenthalt in der Natur zu perfektionieren wird aufgrund der hohen Urbanisierungsrate immer wichtiger. Das Naturerlebnis zu gestalten wird mit Hilfe der Technik immer einfacher, sicherer und planbarer. Gleichzeitig wird es auch immer wichtiger, die Natur für Menschen erlebbar zu machen, und zwar so risikoarm wie möglich. Extremsportarten werden massentauglicher und gleichzeitig viel sicherer. Zusätzlich bilden sich immer neue Randsportarten. Die Individualisierung hat hierauf großen Einfluss. Auch Reisen werden dementsprechend geplant. Im Zuge der Digitalisierung kann das Naturerlebnis zusätzlich direkt mit anderen Personen geteilt werden. Dies ist beispielsweise über soziale Netzwerke oder Blogs möglich und passiert nicht nur, um das Erlebnis, sondern auch seine Expertise an andere weiterzugeben.

Möglichkeit 3: Die Entwicklung der Technik für den Outdoor-Bereich geht zwar weiter, aber aufgrund der Tatsache, dass Natur nicht mehr in ihrem ursprünglichen Zustand erfahren werden kann, wird die Technik häufiger dazu genutzt, die noch vorhandene Natur so gut wie möglich zu schützen. Extremsportarten bleiben Randsportarten und werden zwar für ihre Teilnehmer immer sicherer und angenehmer, aber sie können keinen besonderen Zuwachs verzeichnen. Unsportliche Menschen werden nicht auf einmal sportlich, nur weil es bessere Jacken gibt, um damit durch den Regen zu wandern. Der Drang aus der Stadt heraus in die Natur zu gehen existiert zwar, er ist aber nicht von Technik abhängig bzw. er existiert sogar, um vor der Technik des Alltags zu entfliehen. Die ständige Anwesenheit von Technologien im Alltag führt dazu, dass viele sich nach der ursprünglichen, möglichst unberührten Natur sehnen. Diese Natur soll auf so traditionelle Weise wie möglich behandelt und erfahren werden. Es bilden sich Bereiche, die renaturiert werden und die auch ohne besondere Technologie genutzt werden können. Auch wenn die Digitalisierung Einzug in die Reisebranche genommen hat, vor allem im Zusammenhang mit Informationsfluss, greifen die meisten Menschen doch auf traditionelle Reiseformen und Reiseführer zurück, denn der persönliche Kontakt zu Menschen ist vielen Leuten immer noch wichtig.

5.3.6. Gesundheit

Möglichkeit 1: Der Gesundheitstrend setzt sich weiter fort, vor allem im Bereich der körperlichen Gesundheit. Gesunde Ernährung wird vielen Menschen immer wichtiger, und sie sind auch bereit, mehr Geld dafür auszugeben. Bio-Produkte drängen weiter auf den Markt vor. Außerdem wird der Protest gegenüber Massentierhaltung und Antibiotikanutzung in der Nutztierhaltung lauter. Die Zahl der Raucher sinkt weiter und auch Jugendliche rauchen immer weniger und fangen vor allem später an. Auch im Freizeitbereich boomt der Wellness-Sektor weiter. Sport wird eine immer beliebtere Freizeitbeschäftigung, vor allem um den Körper gesund und fit zu halten.

Möglichkeit 2: Die Gesundheitsbranche verzeichnet einen starken Boom, und zwar bezogen auf einen ganzheitlichen Gesundheitsbegriff von Körper und Geist. Immer mehr Unternehmen erkennen die Vorteile, Krankheiten vorzubeugen statt mit Ausfällen umzugehen. So gehen Work-Life-Balance-Angebote weit über gesetzliche Vorschriften hinaus. Unternehmen sind meist rauchfrei, haben viele Sportangebote, bieten Ruheräume, gesundes Essen in den Kantinen oder Workshops, um Burnout vorzubeugen. Auch Bildungseinrichtungen legen immer mehr Wert auf gesunde Ernährung. Bio-Produkte erobern weiter den Markt. Ihre Kontrolle wird immer schärfer, Bedingungen härter und die Transparenz für Verbraucher größer. Krankenkassen sind immer schneller dazu bereit, krankheitsvorbeugende Maßnahmen zu bezahlen, weil sie erkannt haben, dass dies in vielen Fällen die Kosten gering halten kann. Die privaten Gesundheitsausgaben der Bevölkerung steigen immer weiter an, sowohl für Medikamente als auch für alternative Behandlungsmethoden, Wellness-Anwendungen o.Ä. Auch Wellness- und Gesundheitsreisen werden immer häufiger. Gesundheit ist nicht mehr nur für Privatpersonen wichtig, auch die Politik nimmt sich immer stärker dem Thema an und implementiert verschiedene Maßnahmen wie beispielsweise Gesetze zur Beschränkung von Antibiotika in der Nutztierhaltung, was von der Bevölkerung begrüßt wird.

Möglichkeit 3: Der Gesundheitstrend hat mit vielen Problemen zu kämpfen. Durch zu wenig Transparenz, Informationen und Kontrollen kommen immer wieder Probleme bzw. Lügen ans Licht, die das Vertrauen in die Gesundheits- und Lebensmittelbranche schwächen. Infolgedessen werden auch immer weniger Bio-Lebensmittel gekauft und konsumiert. Die Verbraucher sehen es nicht ein, mehr Geld für etwas auszugeben, was im Endeffekt zu gleichen Bedingungen produziert wurde wie das günstigere Äquivalent. Wenn dennoch Bio-Produkte gekauft werden, dann solche, bei denen eine Kontrolle direkt und persönlich möglich ist. (Beispiel: Eier direkt auf dem Bauernhof kaufen) Parallel zu diesen Entwicklungen gibt es gleichzeitig auch noch die Entwicklung in Richtung Übergewicht. Immer mehr Deutsche und auch immer mehr junge Menschen leiden unter Übergewicht oder sogar Fettleibigkeit. Die Gründe hierfür sind vielfältig. Da Gesundheitsvorsorge viel Geld kostet, sind viele Unternehmen oft nicht dazu bereit, mehr zu tun, als gesetzlich vorgeschrieben ist. Die Gesundheitsvorsorge liegt also im individuellen Verantwortungsbereich jedes Einzelnen.

5.4. Szenario-Bildung

Ziel der Szenario-Bildung ist die Erstellung von verschiedenen Zukunftsszenarien auf Basis der im vorherigen Abschnitt erstellten Zukunftsprojektionen. Hierzu müssen wieder einmal verschiedene Schritte durchlaufen werden. Zunächst werden mit Hilfe der Konsistenzmatrix Bewertungen über die Verträglichkeit der einzelnen Zukunftsprojektionen untereinander abgegeben. Diese Bewertungen werden dann mit Hilfe einer Szenario-Software ausgewertet. Die Szenario-Software stellt durch das Scree Diagram die Anzahl der zu erstellenden Zukunftsszenarien dar. Außerdem berechnet die Szenario-Software die Anzahl von verschiedenen sinnvollen Kombinationsmöglichkeiten der einzelnen Zukunftsprojektionen und gruppiert diese zu Clustern. Die einzelnen Ausprägungen der in den Clustern vorhandenen Zukunftsprojektionen werden in Tabellen zusammengefasst, um eine anschließende Auswertung und Beschreibung der Szenarien zu ermöglichen. Die folgenden Abschnitte beschreiben diese Vorgehensweise im Detail und stellen die Ergebnisse dar.

5.4.1. Konsistenzmatrix

Der erste Schritt der Szenario-Bildung ist, wie bereits erwähnt, die Erstellung der Konsistenzmatrix. Um die Konsistenzmatrix übersichtlich zu gestalten, wurde zunächst jeder erzeugten Zukunftsprojektion eine Bezeichnung gegeben. Diese Bezeichnungen spiegeln nicht die kompletten Ausprägungen der Zukunftsprojektionen wider, sondern dienen allein dazu, die Matrix geordnet und klar zu gestalten. Tabelle 7 zeigt alle Bezeichnungen in einer Übersicht.

Tabelle 7: Bezeichnungen der Zukunftsprojektionen

Schlüsselfaktor	Projektion	Name in Konsistenzmatrix
Neo-Ökologie	Möglichkeit 1	Öko-Akzeptanz
	Möglichkeit 2	Öko-Überzeugung
	Möglichkeit 3	Öko-Distanzierung
Peer Education	Möglichkeit 1	Langsame Bildungsreform
	Möglichkeit 2	Digitalisierung der Bildung
	Möglichkeit 3	Traditionelle Bildung
Erlebnisorientierung	Möglichkeit 1	Etwas erleben
	Möglichkeit 2	Erleben Extrem
	Möglichkeit 3	Ruhe finden
Individualisierung	Möglichkeit 1	Mehr Individualisierung
	Möglichkeit 2	Extreme Individualisierung
	Möglichkeit 3	Individualisierung stagniert
Augmented Outdoor	Möglichkeit 1	AO-Etablierung
	Möglichkeit 2	AO-Boom
	Möglichkeit 3	AO-Randerscheinung
Gesundheit	Möglichkeit 1	Gesundheitsbewusstsein
	Möglichkeit 2	Gesundheitsboom
	Möglichkeit 3	Gesundheitslüge

Quelle: Eigene Darstellung

Mit Hilfe der in der Tabelle dargestellten Bezeichnungen wurde dann in einem weiteren Schritt die Konsistenzmatrix erstellt. Diese Matrix dient, wie bereits in Kapitel 3.1. beschrieben, dazu, einschätzen zu können, welche Zukunftsprojektionen sich gegenseitig begünstigen und welche sich gegenseitig ausschließen. Dies wird mit Hilfe einer fünfstufigen Bewertungsskala vorgenommen. Hierbei bedeutet 1 = totale Inkonsistenz, d.h. die beiden

Zukunftsprojektionen widersprechen sich und können folglich nicht in einem Zukunftsszenario zusammen auftreten. Der Wert 2 = partielle Inkonsistenz bedeutet, dass die beiden Zukunftsprojektionen sich widersprechen und ein gemeinsames Auftreten in einem Zukunftsszenario deswegen unwahrscheinlich wäre. Der Wert 3 = neutral bzw. voneinander unabhängig meint, dass sich die beiden Projektionen weder ausschließen noch begünstigen. Sie könnten also zusammen in einem Zukunftsszenario auftreten. Der Wert 4 = gegenseitiges Begünstigen beschreibt in diesem Zusammenhang, dass es gut möglich ist, dass diese beiden Projektionen zusammen in einem Zukunftsszenario vorkommen könnten. Und der letzte Wert, 5 = starke gegenseitige Unterstützung, bedeutet, dass es sehr wahrscheinlich ist, dass diese beiden Projektionen simultan auftreten. Das heißt, wenn die eine Projektion auftritt, kann davon ausgegangen werden, dass es die andere auch tut.

In der Konsistenzmatrix wurden dann alle Zukunftsprojektionen gegenübergestellt und auf ihre Verträglichkeit miteinander überprüft und dementsprechend bewertet. Um eine möglichst objektive Betrachtung der Faktoren zu erreichen, wurde die Konsistenzmatrix insgesamt drei Mal mit einem zeitlichen Abstand von jeweils mehreren Tagen ausgefüllt. Alle drei Matrizen wurden dann sozusagen zusammengefügt, um zu einer sinnvollen Bewertung zu gelangen. Wie auch in den vorangegangenen Schritten ist trotz dieser Maßnahme eine vollständig objektive Bewertung nicht möglich. Die Entscheidung, ob Zukunftsprojektionen sich ausschließen oder begünstigen, ist zwar teilweise logisch begründbar, jedoch spielt die subjektive Sichtweise des Trendforschers auch in diesem Schritt eine Rolle und darf deswegen nicht außer Acht gelassen werden.

Abbildung 12: Konsistenzmatrix

Konsistenzmatrix Wie verträgt sich Zukuntsprojektion i (Zeile) mit Zukunftsprojektion j (Spalte)? 1 = totale Inkonsistenz 2 = partielle Inkonsistenz 3 = neutral oder voneinander unabhängig 4 = gegenseitiges Begünstigen 5 = starke gegenseitige Unterstützung		Projektion	Öko-Akzeptanz	Öko-Überzeugung	Öko-Distanzierung	Langsame Bildungsreform	Digitalisierung der Bildung	Traditionelle Bildung	Etwas erleben	Erleben Extrem	Ruhe finden	Mehr Individualisierung	Extreme Individualisierung	Individualisierung stagniert	AO Etablierung	AO Boom	AO Randerscheinung	Gesundheitsbewusstsein	Gesundheitsboom	Gesundheitslüge
Schlüsselfaktor	Projektion	Nr	1.1	1.2	1.3	2.1	2.2	2.3	3.1	3.2	3.3	4.1	4.2	4.3	5.1	5.2	5.3	6.1	6.2	6.3
Neo-Ökologie	Öko-Akzeptanz	1.1																		
	Öko-Überzeugung	1.2																		
	Öko-Distanzierung	1.3																		
Peer Education	Langsame Bildungsreform	2.1	3	4	3															
	Digitalisierung der Bildung	2.2	3	4	3															
	Traditionelle Bildung	2.3	3	3	3															
Erlebnisorientierung	Etwas erleben	3.1	4	3	4	4	4	3												
	Erleben Extrem	3.2	3	2	4	4	5	2												
	Ruhe finden	3.3	4	4	3	3	2	3												
Individualisierung	Mehr Individualisierung	4.1	4	3	4	4	4	3	4	4	3									
	Extreme Individualisierung	4.2	3	3	3	4	5	2	4	5	3									
	Individualisierung stagniert	4.3	3	3	4	3	2	4	1	1	4									
Augmented Outdoor	AO-Etablierung	5.1	4	4	2	4	4	2	4	4	3	4	4	3						
	AO-Boom	5.2	4	2	3	4	5	1	4	5	1	4	4	2						
	AO-Randerscheinung	5.3	4	4	2	3	2	3	2	1	4	3	2	4						
Gesundheit	Gesundheitsbewusstsein	6.1	5	4	2	3	4	3	4	3	4	4	4	4	4	3	4			
	Gesundheitsboom	6.2	4	5	1	3	4	2	4	2	4	4	4	3	4	3	4			
	Gesundheitslüge	6.3	1	1	5	3	2	3	3	4	2	2	3	3	3	2	2			

Quelle: Eigene Darstellung

Wie in Abbildung 12 der Konsistenzmatrix zu erkennen, wurde zu jedem Kombinationspaar eine Bewertung über die Konsistenz vorgenommen. Beispielsweise wurde für die Faktoren Gesundheitsboom und Öko-Boom eine Bewertung von fünf gegeben, was bedeutet, dass diese beiden Zukunftsprojektionen sich begünstigen und gut zusammen in einem Szenario auftreten könnten. Andererseits wurde zum Beispiel für die Projektionen AO-Randerscheinung und Erleben Extrem eine Bewertung von eins gegeben, was bedeutet, dass sich diese beiden Zukunftsprojektionen ausschließen und sie deswegen nicht zusammen in einer glaubwürdigen Zukunft auftreten könnten.

Eine Szenario-Software berechnet nach Erstellung der Konsistenzmatrix alle möglichen Projektionsbündel. In der Software werden nur solche Bündel erstellt, die jeweils eine Ausprägung pro Schlüsselfaktor enthalten. Bei der vorliegenden Analyse bedeutet das, dass nur Projektionsbündel berechnet werden, die insgesamt sechs Zukunftsprojektionen enthalten – eine Projektion je Schlüsselfaktor in jedem Bündel. Szenarien mit weniger Projektionen werden nicht berücksichtigt (es gibt keine Bündel mit nur drei oder vier Projektionen). Hieraus ergeben sich nach den Regeln der Kombinatorik (Kombination ohne Reihenfolge und ohne Wiederholungen) 18.564 Kombinationsmöglichkeiten (Berechnung: nCr(18,6) = 18!/6! x (18-6)! = 18.564). Dadurch, dass die Projektionen in Gruppen eingeteilt und jeweils aus jeder Gruppe immer nur eine Projektion in ein Bündel aufgenommen werden kann, ergeben sich 729 allgemein mögliche Projektionsbündel. Aus diesen Projektionsbündeln werden von der Szenario-Software die 100 konsistentesten Bündel berechnet, aufgelistet und für die weiteren Schritte betrachtet. Beispielsweise werden solche Projektionsbündel aussortiert, welche eine hohe Anzahl an partiellen Inkonsistenzen aufweisen (Bewertungen mit dem Wert ‚zwei'), sowie all diejenigen, die sich komplett ausschließen (Bewertung mit dem Wert ‚eins'), so dass es zu der Reduktion der Bündel kommt.

Grundsätzlich ist jedes einzelne dieser Projektionsbündel ein Zukunftsszenario. Da sich viele dieser Projektionen aber ähneln und es außerdem nicht zielführend wäre, 100 oder mehr Zukunftsszenarien zu beschreiben, werden die 100 Projektionen zu sinnvollen Clustern zusammengefasst. Um diese Cluster zu erstellen, muss aber zunächst in einem Zwischenschritt die Anzahl der zu bildenden Cluster ermittelt werden. Dies erfolgt im nächsten Schritt mit Hilfe des Scree Diagrams.

5.4.2. Scree Diagram

Das Scree Diagram dient dazu, eine geeignete Anzahl von zu erstellenden Szenarien zu finden. Grund hierfür ist die Tatsache, dass es einerseits notwendig ist, eine möglichst kleine und handhabbare Anzahl von Szenarien zu erstellen, andererseits aber bei jeder Zusammenfassung von Projektionsbündeln der Informationsverlust der einzelnen Szenarien steigt, d.h. sie ungenauer werden. Das Scree Diagram wird automatisch von der Szenario-Software erstellt.

Abbildung 13: Scree Diagram

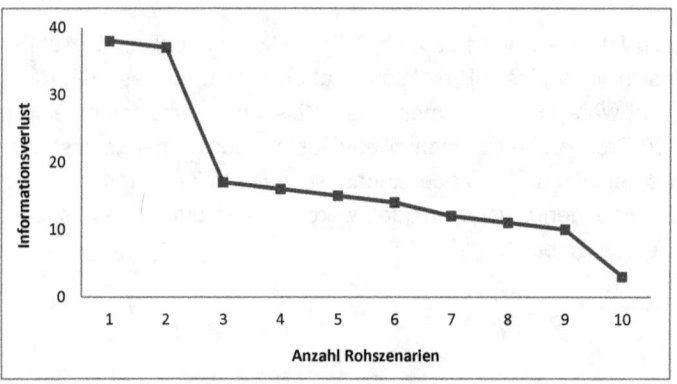

Quelle: Eigene Darstellung in Anlehnung an Ergebnisse der Szenario-Software

Wie in Abbildung 13 zu erkennen, befindet sich der Knick, durch den zu erkennen ist, wie viele Szenarien am besten erstellt werden sollten, bei der Zahl drei. Das bedeutet, dass es für dieses Projekt am sinnvollsten ist, drei Zukunftsszenarien aus den ermittelten 100 Projektionen zu clustern und zu erstellen.

5.4.3. Clusterung

In der Clusteranalyse werden die einzelnen, zuvor ermittelten Zukunftsprojektionen gemäß ihrer Ähnlichkeiten zu Gruppen, den sogenannten Clustern, zusammengefasst. In diesem Fall sind dies insgesamt drei Cluster, da das Scree Diagramm diese Anzahl von Szenarien als sinnvoll ermittelt hat. Die Darstellung der Cluster in einem Diagramm dient hierbei als Hilfestellung, um die eigentliche Analyse zu verdeutlichen.

Abbildung 14: Clusterung

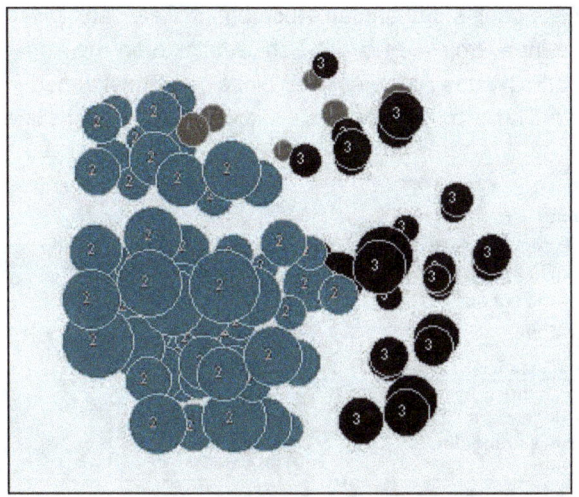

Quelle: Ausschnitt aus den Ergebnissen der Szenario-Software

In Abbildung 14 ist zu sehen, dass jede der 100 Projektionen zu einer von drei Gruppen zugeordnet wurde. Dies geschieht automatisch durch die Szenario-Software. Ein Kreis ist hierbei jeweils eine konsistente Zukunftsprojektion, bestehend aus je sechs einzelnen Zukunftsprojektionen (pro Schlüsselfaktor eine Projektion). Je größer der einzelne Kugeldurchmesser, desto konsistenter ist die einzelne Projektion. Die Größe des Kreises und die Anzahl der einzelnen Projektionen in einem jeweiligen Cluster treffen jedoch keine Aussage darüber, wie wahrscheinlich das Eintreten des jeweiligen Clusters oder der jeweiligen Einzelprojektion als Zukunftsszenario ist. Außerdem ist allein durch die Darstellung im Cluster keine Aussage darüber möglich, welche Ausprägungen von Zukunftsprojektionen zu welcher Gruppe gehören. Dies wird erst durch den folgenden Schritt, der ‚Analyse der Projektionsausprägungen', erkennbar.

5.4.4. Projektionsausprägungen

Nachdem mit Hilfe des Scree Diagramms die Anzahl der zu erstellenden Szenarien auf drei festgelegt und durch die Cluster-Analyse die einzelnen Szenarien zu sinnvollen Gruppen zusammengefügt wurden, gilt es weiterhin zu klären, welche der erstellten 18 Zukunftsprojektionen in den jeweiligen Szenarien auftreten wird.

Hierfür ordnet die Szenario-Software die Ausprägungen der Zukunftsprojektionen in einer Tabelle, der sogenannten Ausprägungsliste, an. Diese Tabelle enthält die einzelnen Projektionen der Schlüsselfaktoren mit Angaben über die Häufigkeit (in %) des Auftretens der einzelnen Projektionen in den jeweiligen Szenario-Clustern. Tabelle 8 stellt diese Ausprägungsliste dar.

Tabelle 8: Ausprägungsliste

Schlüsselfaktor	Projektion	Szenario 1	Szenario 2	Szenario 3
Neo-Ökologie	Öko-Akzeptanz	10	3	50
Neo-Ökologie	Öko-Boom	40	1	50
Neo-Ökologie	Öko-Distanzierung	50	95	0
Peer Education	Langsame Bildungsreform	100	28	3
Peer Education	Digitalisierung der Bildung	0	33	3
Peer Education	Traditionelle Bildung	0	38	93
Erlebnisorientierung	Etwas erleben	40	30	33
Erlebnisorientierung	Erleben Extrem	60	6	23
Erlebnisorientierung	Ruhe finden	0	63	43
Individualisierung	Mehr Individualisierung	50	40	20
Individualisierung	Individualisierung Extrem	50	36	70
Individualisierung	Individualisierung stagniert	0	23	10
Augmented Outdoor	AO-Etablierung	10	45	60
Augmented Outdoor	AO-Boom	80	6	0
Augmented Outdoor	AO-Randerscheinung	10	48	40
Gesundheit	Gesundheitsbewusstsein	70	46	40
Gesundheit	Gesundheitsboom	30	0	60
Gesundheit	Gesundheitslüge	0	53	0

Quelle: Eigene Darstellung in Anlehnung an Ergebnisse der Szenario-Software

Um die Ausprägungsliste richtig zu interpretieren, gilt es, unterschiedliche Aspekte zu beachten. Es wird in drei verschiedene Ausprägungen unterschieden.

Erstens: Eindeutige Ausprägungen. Eindeutige Ausprägungen sind solche Zukunftsprojektionen, die in mindestens drei Vierteln der Projektionen eines Clusters vorkommen. Dies ist beispielsweise bei der Ausprägung ‚AO-Boom' in Szenario 1 der Fall.

Zweitens: Dominante Ausprägungen. Dominante Ausprägungen sind all diejenigen Zukunftsprojektionen, die zwar in weniger als drei Vierteln der Projektionen vorkommen, die aber wichtig für das Szenario sind, da sie in sonst keinem anderen Cluster vorkommen. Dies ist zum Beispiel bei der Projektion ‚Gesundheitslüge' in Szenario 2 der Fall. Zusätzlich hierzu gibt es noch eine zweite Möglichkeit für dominante Ausprägungen. Kommen in einem Szenario zwei Projektionen desselben Schlüsselfaktors vor, setzt sich ab einem Wert von 70% dieser Faktor durch und wird ebenfalls als dominante Ausprägung bezeichnet. Als Beispiel kann hier die Projektion ‚Individualisierung Extrem' aus Szenario 3 genannt werden.

Drittens: Alternative Ausprägung. Alternative Ausprägungen sind all diejenigen Zukunftsprojektionen, die in mehr als einem Viertel der Cluster erscheinen, aber keine eindeutigen oder dominanten Ausprägungen sind. Generell drücken sie aus, dass mehrere Projektionen eines Schlüsselfaktors in einem Szenario auftreten. Bei diesen alternativen Ausprägungen kann man eventuell Tendenzen ableiten. Ein Beispiel für diese Ausprägungsart aus der vorliegenden Analyse sind die Projektionen ‚Öko-Akzeptanz' und ‚Öko-Boom' aus Szenario 3. Bei ungefähr gleichem Auftreten aller Projektionen können diese für die Erstellung des Szenarios außer Acht gelassen werden, da keine eindeutigen Aussagen über den Faktor möglich sind. Alle anderen Ausprägungen mit Häufigkeiten unter 25% werden für die Szenario-Bildung vernachlässigt.

Unter Berücksichtigung dieser Aspekte ergeben sich demnach folgende drei Szenarien:

Szenario 1:
- langsame Bildungsreform (eindeutige Ausprägung)
- AO-Boom (eindeutige Ausprägung)
- Gesundheitsbewusstsein (dominante Ausprägung)
- Etwas erleben (alternative Ausprägung)
- Erleben Extrem (alternative Ausprägung)
- Individualisierung Extrem (alternative Ausprägung)
- Mehr Individualisierung (alternative Ausprägung)
- Öko-Boom (alternative Ausprägung)
- Öko-Distanzierung (alternative Ausprägung)

Szenario 2:
- Öko-Distanzierung (eindeutige Ausprägung)
- Gesundheitslüge (dominante Ausprägung)
- Mehr Individualisierung (alternative Ausprägung)
- Individualisierung Extrem (alternative Ausprägung)
- Ruhe finden (alternative Ausprägung)
- Etwas erleben (alternative Ausprägung)
- AO-Etablierung (alternative Ausprägung)
- AO-Randerscheinung (alternative Ausprägung)

Szenario 3:
- Traditionelle Bildung (eindeutige Ausprägung)
- Individualisierung Extrem (dominante Ausprägung)
- Öko-Akzeptanz (alternative Ausprägung)
- Öko-Boom (alternative Ausprägung)
- Gesundheitsbewusstsein (alternative Ausprägung)
- Gesundheitsboom (alternative Ausprägung)
- AO-Etablierung (alternative Ausprägung)
- AO-Randerscheinung (alternative Ausprägung)

5.4.5. Szenario-Beschreibung

In diesem letzten Schritt der Szenario-Bildung werden die drei Zukunftsszenarien in einem Prosa-Text beschrieben. Diese Beschreibungen orientieren sich stark an den zuvor erstellten Beschreibungen der einzelnen Zukunftsprojektionen, da sie auf ihnen basieren und die einzelnen Zukunftsstränge zu einem Ganzen zusammenführen.

Szenario 1: Strive for more
In Deutschland gilt die Devise des Lebenslangen Lernens. Dieses Konzept ist für die jüngeren Generationen bereits selbstverständlich geworden. Es gibt neben den traditionellen Bildungseinrichtungen wie Schulen und Universitäten immer mehr alternative Möglichkeiten, neues Wissen zu erlernen. Lernplattformen im Internet, Online-Kurse und Fernstudiengänge ergänzen Apps und Peer-to-Peer-Lernangebote. Diese alternativen Bildungsmöglichkeiten sind besonders in der Freizeit wiederzufinden und ermöglichen es, individuelles und extrem spezielles Wissen für jeden zugänglich zu machen. ‚Traditionelles' Wissen wird hingegen weiter in den klassi-

schen Bildungseinrichtungen gelehrt. Doch auch hier wird das Internet immer häufiger Teil der Wissensvermittlung. Zusätzlich zu den Errungenschaften vielfältiger Lernmöglichkeiten durch die Digitalisierung und ihre Begleiterscheinungen drückt sich die voranschreitende Individualisierung auch noch auf andere Art und Weise aus. Produkte sind teilweise selbst zusammenstellbar. Der Kunde kann aus Bausteinen sein eigenes Parfüm, seinen Computer oder seine Reise zusammenstellen. Auch komplett individualisierte Produkte sind mittlerweile für viele bezahlbar. In diesem Zuge legen Menschen Wert auf Freiheit und Flexibilität, auch um sich von der Masse abzuheben. Zusätzlich drückt sich der Hang zur Individualisierung dadurch aus, dass Extremsportarten immer beliebter werden. Denn sie dienen zur Abgrenzung und generieren besondere Erlebnisse. Die Technik hat, wie bereits erwähnt, neben dem Bildungssektor auch Einzug in den Freizeitsektor gehalten. Hier wird sie immer öfter dazu eingesetzt, Naturerlebnisse sicherer und interessanter zu gestalten. Außerdem dient sie zur Wissensvermittlung von spezialisiertem Wissen, welches in den klassischen Bildungseinrichtungen nicht vermittelt wird. Die Technik dient dazu, Naturaufenthalte und Extremsportarten sicherer und interessanter zu gestalten und somit für mehr Menschen zugänglich zu machen. Bei gestiegenem Drang zur Selbstverwirklichung gilt es, möglichst viel zu erleben, intensiv zu leben und seine Zeit nicht zu verschwenden. Naturaufenthalte werden ‚eventisiert' und perfektioniert und können über die digitalen Medien direkt mit anderen geteilt werden. Produkte werden nicht nur als Nutzen, sondern auch als Ausdruck eines bestimmten Lebensgefühls angesehen. Auch im Beruf soll sich diese Lebensart wiederfinden. Deswegen gehen viele Menschen Tätigkeiten nach, die ihnen Spaß machen. Der Verdienst rückt hierbei in den Hintergrund. Ebenso hat die Gesundheit in Deutschland einen hohen Stellenwert erreicht. Dies spiegelt sich vor allem darin wider, dass immer mehr gesund gegessen wird und immer mehr Bio-Produkte konsumiert werden und die Menschen dazu bereit sind, mehr Geld für ihre Ernährung, aber auch für ihre allgemeine körperliche Gesundheit auszugeben. Deswegen gibt es immer mehr Protest gegenüber Massentierhaltung und Antibiotikanutzung in der Nutztierhaltung. Wellness und Sport werden zu immer beliebteren Freizeitbeschäftigungen. Gleichzeitig ist die Zahl der Raucher gesunken, auch unter den Jugendlichen. Die Individualisierung und Selbstverwirklichung spiegelt sich also sowohl in der Freizeit als auch im Berufsleben wider. Gleichzeitig sind sich die Deutschen nicht darüber einig, wie mit den Themen Nachhaltigkeit oder Umwelt umzugehen ist. Einige legen viel Wert auf Umweltbewusstsein, Gerechtigkeit, Fair-Trade-Produkte oder erneuerbare Energien. Es gibt mehr Vegetarier und mehr Zertifizierungen für umweltbezogene Bereiche. Andere haben das Vertrauen in Nachhaltigkeit oder Umweltschutz durch Unzuverlässigkeit, falsche Versprechungen und Greenwash seitens der Industrie verloren.

Szenario 2: Dreary mood
In Deutschland ist die Stimmung schlecht, was Umwelt, Nachhaltigkeit und Ökologie angeht. Durch viele falsche Versprechungen und Unzuverlässigkeit seitens der Industrie hat die Nachfrage nach nachhaltigen Produkten abgenommen. Die Frauenarbeitsquote stagniert, Gleichberechtigung ist als Thema nicht mehr essenziell wichtig. Vor allem durch massenhaftes Greenwash haben die Deutschen das Vertrauen in viele Unternehmen, Organisationen, Produkte und Leistungen verloren. Währenddessen nimmt auch die Nachfrage nach Bio-Produkten ab. Auch hier ist fehlende Transparenz seitens der Industrie der Hauptgrund. Gleichzeitig gibt es in Deutschland immer mehr übergewichtige Menschen. Gesundheitsvorsorge und Sport sind für viele Personen kein Thema. Auch Unternehmen erfüllen in diesem Zusammenhang nur die gesetzlichen Vorschriften. Parallel zu diesen Aspekten sind Werte wie Freiheit oder Flexibilität besonders wichtig. Die Erfüllung der persönlichen Wünsche steht im Vordergrund. Produkte und Dienstleistungen sind im Bausteinsystem oder komplett individuell gestaltbar. Genuss, Spaß und Freiheiten bestimmen einen Großteil der Lebensgestaltung. Die Bedeutung von Kirche und Religion hat abgenommen; Werte wie Hilfsbereitschaft oder soziale Verantwortung sind gleichzeitig in den Vordergrund gerückt. Auch die Haushaltszusammensetzung bleibt weiter sehr heterogen. Diese Heterogenität findet sich auch in anderen Lebensbereichen wieder. Ein Teil der Bevölkerung sucht nach Selbstverwirklichung, Extremsportarten, Randsportarten und Aktivurlaub. Produkte drücken für diese Personen ein gewisses Lebensgefühl aus und die Freizeit wird intensiv genutzt. Es gilt, ein besonders intensives Leben mit möglichst vielen individuellen Erlebnissen zu leben. Für diese Personen unterstützt die Technik die Erlebnisbildung und das Naturerlebnis. Mehr Menschen nutzen Angebote wie E-Bikes, Funktionskleidung oder spezielle Apps für Smartphones, um ihren Aufenthalt in der Natur zu planen. So sind für diese Personengruppe beispielsweise auch mit digitalen Techniken unterstützte Touren interessant. Erlebnisurlaube und Abenteuerurlaube gehören zu den bevorzugten Reiseformen dieser Personengruppe. Ein anderer Teil der Bevölkerung versucht eher, der Schnelllebigkeit des Alltags zu

entfliehen, und sucht nach Ruhe und Entspannung. Für diese Menschen ist die Natur ein Rückzugsort, den es zu schützen oder gar wiederherzustellen gilt. Die vorhandene Technik wird nicht dazu genutzt, die Natur auf eine neue Art und Weise zu erleben, da nach einem besonders authentischen Erlebnis gesucht wird. Weil Authentizität eine große Rolle spielt, haben diese Personen auch wenig Lust auf Freizeitparks und Erlebniswelten. Der Drang nach Erholung ist bei diesen Menschen stärker als der nach neuen und extremen Erlebnissen.

Szenario 3: Individual Green Outdoor
In Deutschland hat die Digitalisierung ihren Siegeszug im Bildungssektor verpasst. Online-Lernplattformen, Do-it-yourself-Einrichtungen und Videos oder Self-Tracking-Tools für Smartphones sowie Peer-to-Peer-Konzepte kommen prinzipiell eher im Freizeitsektor vor und werden demnach in den traditionellen Bildungseinrichtungen allenfalls als Abwechslung eingesetzt. Die Wissensvermittlung findet weiterhin durch den Experten statt. Klassische Bildungsformen wie Schulen und Universitäten bieten Sicherheit und Verlässlichkeit, was die Qualität der Bildung und des vermittelten Wissens angeht. Sie werden anerkannt, um gewisse Standards für die Bildung zu erhalten und um eine Vergleichbarkeit der Ausbildungsstände möglich zu machen. Die stark fortschreitende Individualisierung schlägt sich deswegen nicht in der Bildung, sondern vor allem in der Wirtschaft nieder. Produkte und Dienstleistungen können fast immer individuell gestaltet oder zumindest angepasst werden. Der Kunde wird aktiv in die Wertschöpfungskette einbezogen. Vor allem Reisen werden immer individueller und dienen oft als spezielles Erlebnis und als Abgrenzung zum Alltag und zu anderen Personen. Persönliche Wünsche und Ziele stehen im Vordergrund; gesellschaftliche Zwänge und Normen weichen immer mehr Freiheit und Flexibilität. Trotzdem hat sich ein allgemeines Umwelt- und Gesundheitsbewusstsein in der Bevölkerung entwickelt. Es gibt immer mehr erneuerbare Energien, mehr Fair-Trade- und Bio-Produkte, und das Thema Nachhaltigkeit findet sich sowohl bei Firmen als auch in Privathaushalten wieder. Protest gegen Massentierhaltung und Antibiotikanutzung in der Nutztierhaltung ist lauter geworden und viele Menschen ernähren sich vegetarisch oder versuchen ihren Fleischkonsum zu reduzieren. Parallel dazu wird Tierschutz immer wichtiger. Es wird mehr und besser recycelt und gleichzeitig Müll besser vermieden. Ein Bewusstsein für ganzheitliche Gesundheit von Körper und Geist hat sich entwickelt. Deswegen werden auch Wellness-Angebote immer beliebter. Es gibt weniger Raucher und mehr Personen trei-

ben regelmäßig Sport, auch weil das von Unternehmen gefördert und leichter gemacht wird. Umweltschutz wird immer wichtiger und wird teilweise als Add-on für Produkte, zum Teil aber auch schon als ‚Must-have Criteria' betrachtet. Unterdessen hat sich auch das Zertifizierungssystem für Umweltaspekte und nachhaltige Angebote weiter verbessert. In diesem Zusammenhang werden auch Ausflüge und Erlebnisse in der Natur immer beliebter. Auf der einen Seite finden sich Personen, welche die Natur mit Hilfe von Technik (in Form von Apps, E-Bikes, Funktionskleidung o.Ä.) neu erleben. Diese treiben auch immer öfter Sport in der Natur, da dies mit neuen Hilfsmitteln immer einfacher und massentauglicher wird. Auf der anderen Seite gibt es trotzdem noch viele Personen, die die Technik dazu nutzen wollen, ein möglichst authentisches Naturerlebnis zu bekommen, die Natur zu schützen oder gar wiederherzustellen.

5.5. Szenario-Transfer

Der letzte Schritt im Phasenmodell des Szenario-Managements ist der des Szenario-Transfers. In diesem letzten Teil des Phasenmodells werden die Auswirkungen der verschiedenen erstellten Szenarien auf das Untersuchungsfeld der Jugendsprachreisen entwickelt und dargestellt. Anschließend werden die zuvor erstellten Szenarien auf ihre Eintrittswahrscheinlichkeit und Stärke der Auswirkung hin bewertet. Diese Bewertungen dienen dann als Grundlage für die Erarbeitung von Handlungsempfehlungen.

5.5.1. Auswirkungsanalyse

Die Auswirkungen der einzelnen Szenarien auf das Gestaltungsfeld Jugendsprachreise werden zunächst mit Hilfe der sogenannten Auswirkungsmatrix erarbeitet. Diese Matrix hilft dabei, die einzelnen Aspekte, die in den Szenarien beschrieben werden, systematisch darzustellen und somit eine bessere Übersichtlichkeit zu schaffen. Außerdem wird auf diese Weise sichergestellt, dass alle Aspekte der Jugendsprachreise sowie alle in den Szenarien genannten Optionen in den Gedankenprozess des Trendforschers einbezogen werden. Die folgende Tabelle zeigt die Auswirkungsmatrix für die in dieser Studie erstellten Szenarien in Bezug auf den Jugendsprachreisemarkt.

Tabelle 9: Auswirkungsmatrix

	Szenario 1	Szenario 2	Szenario 3
An-/Abreise	nachhaltig, Umweltbewusstsein	Nachhaltigkeit unwichtig	Umweltbewusstsein, Nachhaltigkeit
Unterkunft	individuell, Freiheit, flexibel, Gemeinschaft wichtig		erneuerbare Energien, ganzheitliches Wohlbefinden
Verpflegung	Bio-Produkte, mehr Geld für Ernährung, Fair Trade, nachhaltig, mehr Vegetarier, Gesundheit, gegen Massentierhaltung & Antibiotika	weniger Bio-Produkte, Genuss	Gesundheitsbewusstsein, erneuerbare Energien, Bio essen, vegetarisch, Fair Trade, gegen Antibiotikanutzung und Massentierhaltung
Unterricht	Lernplattformen, Online-Kurse, Apps, Internet als Wissensvermittlung, Digitalisierung, Fernstudiengänge, Self-Tracking-Tools, Flexibilität, individuell		Online-Plattformen, Internet, Self-Tracking-Tools, Apps, alles nur als Abwechslung, Experte vermittelt Wissen, Qualität wichtig, Sicherheit, Verlässlichkeit, Standards, Vergleichbarkeit
Freizeit	Extremsportarten sicherer und interessanter, Technik nutzen, Freiheit, Flexibilität, Naturerlebnisse gestalten, Technik als Wissensvermittlung, viel erleben, eventisieren, Erlebnisse teilen, **Wellness** und Sport, Apps, Lernplattformen, Internet, Digitalisierung, Selbstverwirklichung, Individualisierung	Sport ist für viele kein Thema, Suche nach **Ruhe und Entspannung**, keine Freizeitparks oder Erlebniswelten; Extremsportarten, Randsportarten, Aktivurlaub, Freizeit intensiv nutzen, Technik wichtig für Naturerlebnis	Online-Plattformen, Internet, Self-Tracking-Tools, Apps, **ganzheitliches Wohlbefinden**, Nachhaltigkeit, Sport, Wellness, Sport in der Natur
Ausflüge	Erlebnisse direkt teilen, Wellness, Sport, Gesundheit, Technik für Wissensvermittlung	Technik wichtig für Naturerlebnis, Ruhe und Entspannung, digitale Touren	ganzheitliches Wohlbefinden Nachhaltigkeit, in die Natur, Sport
Gesamte Reise	**Produkte selbst zusammenstallbar, individuell gestalten**, nachhaltig, Selbstverwirklichung, **Freiheit, Flexibilität**, viel erleben, Zeit nicht verschwenden, Spaß im Vordergrund, Produkte als Ausdruck von Lebensgefühl, Gerechtigkeit, Fair Trade	Umwelt, Ökologie, Nachhaltigkeit werden kaum gefragt; Greenwash, falsche Versprechungen, weniger Nachfrage nach nachhaltigen Produkten, Stagnation; **Freiheit, Flexibilität**, persönliche Wünsche erfüllen, Bausteinsystem, **individuelle Produkte**, Heterogenität, Produkt = Lebensgefühl	**Produkte individuell gestalten oder anpassen können**; Kunde in Wertschöpfung einbeziehen, Reise als Abgrenzung zum Alltag, Wünsche und Ziele im Vordergrund, **Freiheit, Flexibilität**, Umweltbewusstsein, Fair Trade, recyceln, Müll vermeiden

Quelle: Eigene Darstellung

In der Auswirkungsmatrix wurden einzelne Textbausteine aus den in Prosa beschriebenen Szenarien den unterschiedlichen Produktbereichen der Jugendsprachreise zugeordnet. Wie in Tabelle 9 zu erkennen, handelt es sich bei diesen Produktbereichen um die in Kapitel 2.1. beschriebenen Bestandteile einer Jugendsprachreise. Hierbei können die beschriebenen Szenarien Auswirkung auf einen einzelnen Bereich der Jugendsprachreise – zum Beispiel nur auf den Punkt Ausflüge –, auf mehrere Bereiche oder auf die gesamte Reise haben. Aspekte, welche in allen drei Szenarien vorkommen, wurden fett gedruckt herausgehoben. Dies ist zum Beispiel bei dem Aspekt ‚Produkte individuell gestalten' der Fall.

Zu beachten ist, dass die vorliegende Auswirkungsmatrix nur die jeweiligen Bereiche aufzeigt, auf die bestimmte Aspekte eines Szenarios Einfluss nehmen bzw. Auswirkungen haben könnten. Sie beschreibt aber noch nicht, welche Art von Auswirkungen daraus folgen oder welche Chancen, Gefahren, Potenziale, Erneuerungen o. Ä. sich hieraus ergeben könnten. Ebenso wenig wird durch die Auswirkungsmatrix die Eintrittswahrscheinlichkeit der unterschiedlichen Szenarien deutlich. Diese beiden Themen werden erst in den folgenden Abschnitten bearbeitet.

Im nächsten Schritt der Auswirkungsanalyse wurde die Auswirkungsmatrix als Grundlage für Produktideen, Erweiterungen, Verbesserungen etc. genutzt. Hierfür wurde die Auswirkungsmatrix in Hinblick auf die beschriebenen Szenarien schrittweise mit Hilfe des Brainstorming-Verfahrens durchgearbeitet und Ideen, Veränderungen, Entwicklungsmöglichkeiten, Chancen, Gefahren, Potenziale etc. aufgeschrieben.

Tabelle 10: Beispiel Brainstorming zur Ideenfindung

Digitalisierung Unterricht
Tablet, Tablet-Tische, Digitale Tafel, digitales Schreiben erscheint an Tafel, Apps im Unterricht, Tandem-Partner digital, Skype mit Tandem-Partnern, Internetarbeitsplatz, Sprachroboter, Vokabel-App, Digitales Wörterbuch, Digitaler Lehrer, viele Filme, Kurzfilme, Internetrecherche, Musik, Online, Kopfweh, Realitätsverlust, teuer, Offline-App, Offaehrte-App, Online-Sprachkurs, Self-Tracking-Apps für Lernfortschritt

Wie in Tabelle 10 zu erkennen, gibt es keine geordnete Reihenfolge der gefundenen Begriffe bzw. Ideen, keine nicht zulässigen Ideen und keine Einschränkungen dahingehend, ob etwas positiv oder negativ ist. Ob die aufgelisteten Aspekte bei einer Jugendsprachreise derzeit umsetzbar sind, spielt für die Ideenfindung ebenfalls keine Rolle. Auch die Eintrittswahrscheinlichkeit der jeweiligen Szenarien wurde in dieser Phase der Ideenfindung weiterhin ausgelassen.

In ähnlicher Brainstorming-Art wurden neben der Auswirkungsmatrix die einzelnen Szenarien durchgearbeitet. Hierbei wurden die Szenarien durchgelesen und aufkommende Ideen etc. wurden direkt in den Text hineingeschrieben (siehe Anhang 18-20). Auf diese Weise konnten Ideen sowohl in Bezug auf die Szenarien in Textform als auch auf die einzelnen Wörter, Textbestandteile und Produktbereiche, wie sie in der Auswirkungsmatrix dargestellt sind, erarbeitet werden.

Die auf diese zwei Arten gesammelten Ideen werden in den folgenden Tabellen 11-13 zusammengefasst dargestellt. Zu jedem Aspekt werden Vor- und Nachteile aufgelistet sowie die Umsetzbarkeit der Idee mit ‚gut' ‚mittel' oder ‚schlecht' bewertet. Diese Bewertung soll lediglich die Umsetzbarkeit an sich abbilden. Sie soll keine Aussage darüber treffen, ob die jeweilige Idee umgesetzt werden sollte oder nicht. Eine tabellarische Darstellung hat in diesem Zusammenhang den Vorteil, dass sie wesentlich übersichtlicher ist als eine Beschreibung der gesammelten Aspekte in Textform. Besonders ähnliche Gesichtspunkte wurden hierbei zusammengefasst. Zu beachten ist außerdem, dass sich wiederholende Ideen (Ideen, die für mehr als ein Szenario relevant sind) nur einmalig aufgeführt werden. Am Ende jeder Tabelle findet sich eine letzte Spalte, in der deutlich wird, welche für andere Szenarien aufgelisteten Ideen auch für das genannte Szenario relevant sind.

Tabelle 11: Ideenübersicht Szenario 1

Idee	Vorteile	Nachteile	Umsetzbarkeit
Fahrradverleih vor Ort	Mehr Flexibilität & Freiheit vor Ort, umweltfreundlich	Instandhaltung, Anschaffung, Unterbringung, nicht für lange Distanzen	Gut
Ticket für ÖPNV	Flexibilität, sicherer als zu Fuß gehen	Kosten, nicht in jeder Stadt verfügbar	Gut
E-Bike	Flexibilität, längere Strecken	Kosten	Mittel
Kickroller, Rollschuh-Verleih	Mehr Flexibilität, schnellere Fortbewegung	Anschaffung, Instandhaltung, Reinigung	Mittel
Tablets, Digitale Tafel	Informationsfluss, mehr Recherche-Optionen	Sehr hohe Kosten, Aufmerksamkeit	Schlecht

Online-Lernspiele/ Quiz	Lernen rund um die Uhr, auch von zu Hause	Viele kostenlose Angebote, Internetzugang nötig	Gut
Tandem mit Einheimischen	Mehr Sprachkontakte, direkte Anwendung	In den Ferien schwierig, zu kurzzeitig	Mittel
Offline-App für Vokabeln	Handy immer dabei = schnelles Nachschlagen, nach Themen sortierbar	App erstellen, Aufmerksamkeit im Unterricht, schreiben verfestigt Vokabeln	Gut
Offaehrte-App	Jüngere Generation erreichen, Plattform, um in Kontakt zu bleiben, Informationen immer und überall	Keine In-App-Käufe von Jugendlichen, Kosten im Ausland, App erstellen	Gut
Bio, Fair-Trade, vegetarisch	Gesünder, schmeckt evtl. besser, glückliche Vegetarier	Teurer	Mittel Vegetarisch: Gut
Bausteinreise	Besonders flexibel, alle Optionen verfügbar	teurer, hoher organisatorischer Aufwand, Aktivitäten hängen von Teamern ab, man muss mit vorhandenen Zimmern arbeiten	Schlecht
Fruit'n'Fit Corner immer, überall und besser, z.B. mit Smoothies, Salat, Gemüse	Mehr gesundes Essen, gutes Image, keine hungrigen Kinder, durch bessere Gestaltung wird es evtl. besser angenommen	Zeitlicher Aufwand für Teamer zur Vorbereitung, Kosten, Resteverwertung	Gut
Vorher/nachher Sprachkurs für zuhause	Gut zum Leute kennen lernen, Bindung an Veranstalter	Ort, Zeit (Schüler = keine Ferien), viel Konkurrenz	Schlecht
Mini-Survival-Kurs	Spannend, Natur, Event, besonders	Materialien für Unterkunft etc., Guide, Aufsicht, nur für naturnahe Destinationen	Mittel
Landestypischer Kochkurs / Erlebnisessen	Gesund, Erlebnis, Gemeinschaft	Kosten, Ort, wer macht den Kurs?	Gut
Themensportreise, z.B. Wasser, Luft, Erde, Ball, Trend	Viele Erlebnisse, viele verschiedene Sportarten, Eventreise	Kosten, manche Sportarten sind gefährlich	Gut
Themen Musik, Tanz, Gesang, Mode	Eventreise, gut für Selbstverwirklichung, direkte Anwendung der Sprache	Trainer nötig, besondere Räumlichkeiten nötig	Mittel
„Green Camp" Zeltcamp / Naturcamp	Erlebnis, Event, Natur	Essen, Sanitäranlagen, schlechtes Wetter, Materialien, Auf-/Abbau	Mittel
Do-it-yourself-Kurse, z.B. Handwerk, Sprache, Basteln	Eigenständiges Arbeiten für Freiheitsgefühl, verschiedene Optionen möglich	Kursleiter muss Experte sein, Materialien, Räumlichkeiten	Mittel
Self-Tracking-App für Lernfortschritt mit Tests, Kalender für Lernzeiten	Eigenständiges Arbeiten, weiter arbeiten auch zu Hause	Aktualisierung, Programmierung, nur indirekt gut für Sprachreiseprodukt	Mittel
In diesem Szenario auch: 24h Buffet / All Inclusive, Nutzung nachhaltiger Materialien, CO2-Fußabdruckrechner			

Tabelle 12: Ideenübersicht Szenario 2

Idee	Vorteile	Nachteile	Umsetzbarkeit
Transparenz bei Nachhaltigkeit erhöhen	Mehr Vertrauen der Kunden, Reflexion über eigene Ansätze, Kritik/Verbesserungen von außen möglich	Konzept für alle einsehbar (auch für Konkurrenz), wenig Flexibilität möglich, Arbeitsaufwand	Mittel
Abnehm-Camp	Spezielle Zielgruppe wird angesprochen	Keine Eigenmotivation der Jugendlichen, spezielle Trainer nötig, Fitness Ausstattung	Schlecht
Spaß + Sprache, Reisen ausbauen	Geringere Kosten durch weniger Unterricht	Weniger Sprachfortschritt, Hang zum Partyveranstalter, weniger Vertrauen bei Eltern	Gut
24h Buffet / All Inclusive	Flexible Gestaltung für Jugendliche	Höhere Kosten, organisatorischer Aufwand	Mittel
Social-Skills-Camp (Sprache + Kurse)	Interessant für Eltern, gut für Aufsicht	Trainer nötig, Motivation bei Jugendlichen	Mittel
Sprache + Volunteer	Interessant für Eltern, könnte beispielsweise Sozialpraktika ersetzen in der Schule = auch während der Schulzeit möglich, direkte Sprachanwendung	Partnerorganisationen nötig, darf nicht zu gefährlich sein	Mittel
Wellness-Camp	Ungefährlich, gesund	Schneller langweilig für Jugendliche, Kosten, Einrichtung finden	Schlecht
Extremsportarten / Trendsportarten	Spaß, viele Möglichkeiten, immer was Neues	Teilweise gefährlich, Kosten, Aufsicht, Trainer nötig	Mittel
Bungalows, Hostel, Hotel als Unterkunft	Mehr Freiheit, Eigenständigkeit	Aufsichtspflicht, hängt von Destination ab, Kosten	Schlecht
In diesem Szenario auch: Bausteinreise, Themensportreisen			

Tabelle 13: Ideenübersicht Szenario 3

Idee	Vorteile	Nachteile	Umsetzbarkeit
Sprachschüler in Vereine etc. vor Ort integrieren	Direkte Sprachanwendung, gute Freizeitgestaltung	Partner finden, Hemmungen bei Jugendlichen	Mittel
Tierschutzprojekte / Nationalparks besuchen, unterstützen	Direkte Sprachanwendung, Ausflug + Lernen in einem	Partner finden	Mittel
(Online) Produktvorschläge / Verbesserungen ermöglichen (zusätzlich zur öffentlichen Online-Bewertung)	Direkter Kontakt mit Kunden, direkte Einbindung von Kunden	Aufwand, evtl. Kosten, nicht umsetzbare Kritik	Gut
Unterricht / Sprachschule zertifizieren und Kriterien offenlegen	Mehr Vertrauen durch einheitliches Label, Qualitätskontrolle und Standards	Unterricht trotzdem stark vom Lehrer abhängig und subjektiv, Kontrolle	Mittel
CO_2-Fußabdruckrechner pro Reise und Bestandteile	Einbinden der Kunden in Entscheidungsprozess, Kriterien offenlegen	Aufwand Erstellung und Pflege, manche Reisen fallen evtl. raus	Gut
Nutzung nachhaltiger Materialien	Mehr Vertrauen der Kunden, Image, Nachhaltigkeit	Nur bei eigenen Sprachschulen möglich, evtl. Kosten, eher intern umsetzbar	Mittel
Essen aus eigenem Garten	Transparent, nachhaltig, Bio, gleichzeitig Freizeitaktivität für Jugendliche	Pflege, nur möglich bei durchgehender Saison, Gärtner nötig, Menge	Schlecht
In diesem Szenario auch: Bausteinreise, Fair-Trade- & Bio-Produkte, Green Camp, Extremsportarten / Trendsportarten, Themensportreisen			

5.5.2. Szenario-Bewertung

In der Szenario-Bewertung werden die erstellten Szenarien auf ihre Eintrittswahrscheinlichkeit und den Grad der Auswirkungen bzw. Veränderung in Bezug auf den Untersuchungsgegenstand hin bewertet. Die Eintrittswahrscheinlichkeit ermittelt sich aus der Fragestellung „Welche heute wahrnehmbaren Entwicklungen deuten auf welches Szenario" (Gausemeier et al. 2009, S. 96). Bei der Stärke der Auswirkung geht es darum, wie sehr sich der Untersuchungsgegenstand, also der Jugendsprachreisemarkt, bei Eintreten des jeweiligen Szenarios im Vergleich zu seinem jetzigen Zustand verändern würde. Die zuvor gesammelten Ideen in Bezug auf die einzelnen Szenarien spielen für diese Bewertung keine Rolle. Die Entscheidungen über die beiden Parameter werden vom Trendforscher getroffen und sind folglich, wie auch alle zuvor getroffenen Entscheidungen des Trendforschers, subjektiv. Die folgende Abbildung zeigt die Wahrscheinlichkeits-Auswirkungsmatrix, die im Rahmen dieser Studie erstellt wurde.

Abbildung 15: Wahrscheinlichkeits-Auswirkungsmatrix

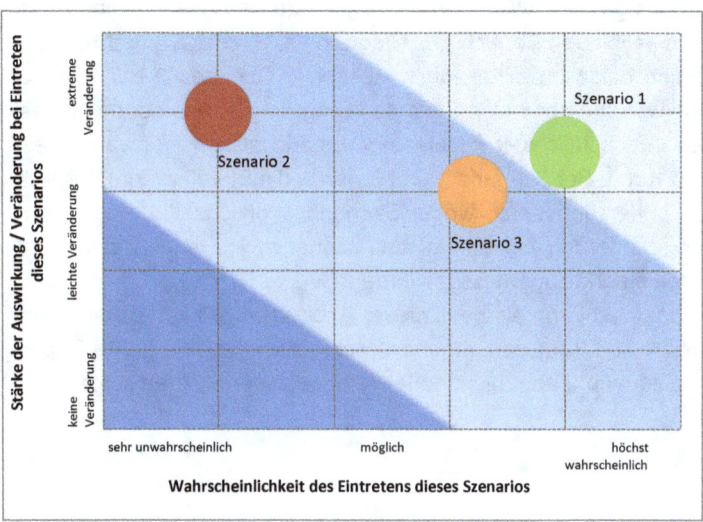

Quelle: eigene Darstellung

Wie in Abbildung 15 zu erkennen, sind sowohl die Eintrittswahrscheinlichkeit als auch die Stärke der Auswirkung nicht mit Zahlenskalen versehen. Bei einer Trendforschung ist dies unzweckmäßig, da ohnehin niemals eine einhundertprozentig sichere Voraussicht getroffen werden kann. Das bedeutet gleichzeitig, dass sich die Bewertung der Szenarien im Hinblick auf die beiden genannten Parameter nicht sinnvoll in Zahlen ausdrücken lässt, sondern Zahlenwerte ohnehin Bedeutungen zugeordnet werden müssten. Die Skalierung der Eintrittswahrscheinlichkeit reicht folglich von ‚sehr unwahrscheinlich' über ‚möglich' hin zu ‚höchst wahrscheinlich'; die der Stärke der Auswirkung bzw. Veränderung von ‚keine Veränderung' über ‚leichte Veränderung' hin zu ‚extreme Veränderung'.

Ebenfalls in Abbildung 15 zu sehen ist die farbliche Einteilung des Hintergrundes in drei Felder: dunkelblau, mittelblau und hellblau. Diese Felder geben Orientierung hinsichtlich der Auswahl des Referenzszenarios bzw. der Referenzszenarien. Szenarien, welche in das dunkelblaue Feld fallen, spielen wenig bis überhaupt keine Rolle für den Untersuchungsgegenstand.

Je weiter oben und vor allem je weiter rechts ein Szenario angeordnet ist, desto wichtiger ist es für das Gestaltungsfeld.

Im Rahmen dieser Studie wurden also die in Kapitel 5.4.5. erstellten und beschriebenen Szenarien mit Hilfe dieser Matrix bewertet und in Abbildung 15 dargestellt. Wie in Abbildung 15 zu erkennen, befindet sich Szenario 1 im hellblauen Bereich des Diagramms, Szenario 2 und Szenario 3 befinden sich beide im mittelblauen Abschnitt. Szenario 2 befindet sich jedoch relativ weit auf der linken Seite des Diagramms, was bedeutet, dass die Eintrittswahrscheinlichkeit für dieses Szenario als eher unwahrscheinlich bewertet wurde. Bei Szenario 1 und 3 wurde die Eintrittswahrscheinlichkeit deutlich höher angesetzt, wobei Szenario 1 gleichzeitig eine höhere Stärke der Veränderung bei Eintritt des Szenarios in Bezug auf den Jugendsprachreisemarkt zugemessen wurde.

Zusammengefasst kann also aus dieser Analyse abgeleitet werden, dass die Szenarien 1 und 3 für den Jugendsprachreisemarkt eine große Bedeutung haben, Szenario 2 aber nicht außer Acht gelassen werden sollte.

6. Handlungsempfehlungen für Offaehrte Sprachreisen

Wie in Kapitel 5.5.2. und Abbildung 15 zu erkennen, haben alle der drei erstellten Szenarien eine gewisse Bedeutung für das Gestaltungsfeld der Jugendsprachreisen. Szenario 1 befindet sich zwar als einziges der drei Szenarien in dem Abschnitt, der dem Szenario eine hohe Bedeutung zuweist, allerdings sind die anderen beiden Szenarien im mittleren Abschnitt verankert, welcher ebenfalls eine – wenn auch etwas geringere – Bedeutung dieser Szenarien für Jugendsprachreisen ausweist. Deswegen und weil die drei erstellten Szenarien unterschiedliche Überschneidungen hinsichtlich der generierten Ideen für den Jugendsprachreisemarkt haben, empfiehlt sich für den Reiseveranstalter Offaehrte Sprachreisen im Hinblick auf die untersuchten Aspekte eine zukunftsrobuste bzw. teilrobuste Strategie für die Zukunft. Eine zukunftsrobuste Strategie ist hierbei eine Strategie, die allen bzw. dem größten Teil der Szenarien gerecht wird. Die Szenarien 1 und 3 dienen hierbei vornehmlich als positive bzw. erstrebenswerte Szenarien. Szenario 2 stellt eine eher negative Zukunft dar, die nicht wünschenswert, aber teilweise vermeidbar ist, wenn zum jetzigen Zeitpunkt die Weichen für die Zukunft richtig gestellt werden.

In den folgenden Abschnitten werden in Bezug auf diese Analyse Handlungsempfehlungen gegeben, welche auf den in Kapitel 5.5.1. generierten Ideen basieren und die Wichtigkeit der einzelnen Szenarien mit einbeziehen. Zu beachten ist, dass nicht alle in den dort aufgelisteten Tabellen zu finden Ideen auch zur Umsetzung empfohlen werden. Des Weiteren sind die folgenden Handlungsempfehlungen nach Wichtigkeit der Szenarien sortiert. Das heißt, zuerst werden all diejenigen Handlungsempfehlungen ausgesprochen, die auf allen drei Szenarien basieren. Anschließend folgen die Handlungsempfehlungen für die beiden wichtigeren Szenarien – Szenario 1 und 3, gefolgt von den Empfehlungen, die ausschließlich auf Szenario 1 basieren und so weiter.

6.1. Szenarien 1, 2 und 3: Bausteine, Buchungsablauf, Themenreisen und Sport

In allen drei Szenarien scheint die Individualisierung entweder stark oder zumindest teilweise voranzuschreiten. In diesem Zusammenhang werden in den Szenarien Produkte und Dienstleistungen ebenfalls individuell gestaltbar. Das heißt, viele Produkte sind teilweise komplett selbst zusammenstellbar oder können zumindest individuell angepasst werden. Dieser Hang zur individuellen Gestaltung von Produkten und Dienstleistungen sollte in jedem Fall auch von Offaehrte beachtet werden. Da die von Offaehrte angebotenen Reisen teilweise bereits modular aufgebaut sind, ist es sinnvoll, über eine Erweiterung in diese Richtung nachzudenken. Bei Offaehrte können bereits einzelne Bestandteile von Reisen variabel gebucht werden (zum Beispiel Anreise mit dem Bus oder Flugzeug, entweder Halb- oder Vollpension etc.). Diese Auswahl an verschiedenen Optionen ist allerdings noch nicht vollständig. So sind, wie in der Angebotsübersicht (Anhang 16) zu erkennen, nicht an jedem Kursort die verschiedenen Sprachkursoptionen verfügbar. Der Kombi-Sprachkurs, der neben dem regulären Sprachkurs noch Einzelunterricht inkludiert, wird zum Beispiel nur in drei von zehn Destinationen in England und nur vier Mal insgesamt angeboten. Eine Option auf Einzelunterricht sollte im Sinne des Bausteinsystems in jedem Kursort als zusätzlich buchbare Option angeboten werden. Ähnliches gilt für das Angebot von Kleingruppenkursen. Im Teilbereich der Freizeitaktivitäten sind die existierenden Specials bereits eine sehr gute Art und Weise, das Bausteinsystem in das Angebot der Jugendsprachreisen von Offaehrte zu integrieren. Allerdings schließen sich einige Specials und Sprachkursoptionen gegenseitig aus, da sie zeitgleich stattfinden. Es sollte ermöglicht werden, beispielsweise einen Intensivkurs zu buchen und gleichzeitig an einem Special teilnehmen zu können. Hier entsteht zwar ein gewisser organisatorischer Aufwand, dieser scheint jedoch in jedem Fall zu bewältigen zu sein. Weiterhin gibt es in manchen Destinationen überhaupt keine Möglichkeit, eines der angebotenen Specials zu buchen. Hier sollte das Angebot der existierenden Specials oder auch neuer Specials und Themenangebote auf weitere Kursorte ausgeweitet werden. Da viele der Sprachreisen in für den Sommer angemieteten Gebäuden bzw. Gebäudekomplexen stattfinden und folglich nicht Eigentum von Offaehrte sind, ist eine Umsetzung eines Bausteinsystems hinsichtlich des Angebotes verschiedener Zimmeroptionen (Auswahl zwischen Einzelzimmer, Doppelzimmer, Mehrbettzimmer) zwar schwierig, aber dennoch erstrebenswert.

Parallel zur möglichen Umgestaltung des Angebotes in deutlichere bzw. umfangreichere Bausteinmodule sollte in diesem Zuge auch die Gestaltung dieser Bausteine im Buchungsablauf angepasst werden. Da einige Reisebestandteile bereits modular aufgebaut sind, sind diese auch über die Internetpräsenz von Offaehrte bausteinartig buchbar. Die grafische Gestaltung dieser Buchungsmöglichkeiten kann jedoch noch etwas verbessert werden. So sollten sowohl das Anmeldeformular, welches man von der Internetseite herunterladen kann, als auch die Online-Buchungsmöglichkeiten die verschiedenen Teilaspekte voneinander trennen, so dass nichts übersehen werden kann. Gemeint ist hiermit eine deutlichere Darstellung der Reisebestandteile als Teilaspekte, welche individuell kombinierbar sind. Für eine bessere Übersichtlichkeit könnte man ein Basisprodukt ausweisen, zu dem anschließend weitere Optionen mit jeweiligen Zuschlägen dazu gewählt werden können. Beispielsweise kann man in jeder Destination einen Standard-Sprachkurs anbieten, welcher bereits im Grundreisepreis enthalten ist. Dies ist in den meisten Destinationen ohnehin bereits der Fall. Dann könnte man jeweils andere Sprachkursoptionen wie Einzelunterricht oder Intensivunterricht dazu buchen. Hierbei würden die zusätzlich entstehenden Kosten separat ausgewiesen. Außerdem denkbar ist bei der Erweiterung der Buchungsoptionen eine Kombination mit dem bereits vorhandenen Reisefinder (vgl. Offaehrte Sprachreisen – IP International Projects GmbH o.J.f.), welcher verschiedene Reisebestandteile zur Auswahl anzeigt. Durch Auswahl bestimmter Kriterien durch den Kunden werden dann Reisen vorgeschlagen, die mit den ausgewählten Kriterien übereinstimmen. Dieser Reisefinder sollte auf jeden Fall um die Optionen der Specials, eventuell auch um die verschiedenen Ausflüge und möglicherweise entstehenden Themenreisen, erweitert werden. Außerdem sollten bei nicht vorhandener Übereinstimmung aller Suchkriterien mit dem vorhandenen Angebot Alternativvorschläge aufgelistet werden.

In allen drei beschriebenen Szenarien sind außerdem Freiheit und Flexibilität wichtige Werte. In Szenario 1 und 2 sind Extremsportarten und Randsportarten wichtig für viele Menschen. Auch in Szenario 3 wird allgemein viel Sport getrieben. Es sollte also in Betracht gezogen werden, den Fokus auf Sportarten zu erhöhen. Vorstellbar sind hier vor allem Trendsportarten mit geringem Gefahrenpotenzial. Beispiele hierfür sind Crossboccia, Stand-up-Paddling, Bouldern oder Slacklining. Teilweise sind diese Sportarten für eine einfache Freizeitgestaltung am Nachmittag geeignet, teilweise würde sich ein eigenständiger Kurs zu der jeweiligen Sportart anbieten. Bei Sportangeboten in Kursen könnte auch darüber nachgedacht werden, die Kurse nicht nur für die Sprachschüler, sondern auch für Einheimische zu öffnen. Auf diese Weise können Sprachschüler mit Einheimischen in Kontakt kommen. Im Zuge der Erweiterung des Sportangebotes sind auch Themenreisen auf diesem Gebiet denkbar. Ideen sind hier zum Beispiel die Themen Wasser (zum Beispiel mit den Sportarten segeln, surfen, Kite surfen, schwimmen, Wasserball, rudern, Kanu fahren, Wasserski fahren etc.), Luft (Beschäftigungen mit geringerem Gefahrenpotenzial als Fallschirmspringen oder Bungee Jumping sind zum Beispiel Ballonfahren oder Gleitschirmfliegen) oder Ball (jegliche Art von Ballsportarten wie Fußball, Basketball, Volleyball, Handball, Tennis, Golf etc. als Klassiker oder Sportarten wie Football, Trickfußball, Hockey, Eishockey, Baseball, Cricket als etwas außergewöhnlichere Ballsportarten oder eine Kombination hieraus, zum Beispiel Schnupperkurse für verschiedene Sportarten, jeweils einen Nachmittag). Auf diese Weise lässt sich die nicht unbedingt optimale Bewertung des Sportangebotes (siehe Kapitel 4.2. und Abbildung 7) möglicherweise verbessern. Zu beachten ist in jedem Fall das Gefahrenpotenzial der einzelnen Sportarten, was bei einigen der zuvor genannten Beispiele jedoch kein großes Problem darstellen sollte. Die Einbindung von unterschiedlichen Sportarten in den Sprachreiseaufenthalt lässt sich in diesem Zusammenhang sowohl durch eigens engagierte Sportlehrer bzw. Trainer als auch durch die Einbindung lokaler Angebote erreichen. Da die Destination an sich wohl eine eher untergeordnete Rolle im Vergleich zu anderen Aspekten spielt (siehe Abbildung 8 zur Wichtigkeit einzelner Reisebestandteile), besteht ebenso die Möglichkeit, eine Destination auf bestimmte Themen zu spezialisieren.

Im Einklang mit den erwähnten Themensportreisen sind auch Themenreisen für andere Aktivitäten denkbar. Der in den Szenarien beschriebene Hang zur Freiheit, Flexibilität und Selbstverwirklichung kann nicht nur durch Sport, sondern auch durch kreative Angebote gestillt werden. Denkbar sind in diesem Zusammenhang Themenangebote in den Bereichen Musik, Tanz, Gesang oder Mode, zusätzlich zu den bereits von Offaehrte angebotenen Reisen im Bereich Schauspiel und Kunst.

6.2. Szenarien 1 und 3: Ernährung, Green Camp und Fußabdruckrechner

In Szenario 3 steht Umweltschutz im Mittelpunkt vieler Aspekte. Auch in Szenario 1 legt ein Teil der Bevölkerung Wert auf Umweltbewusstsein oder erneuerbare Energien, solange diese Themen ernsthaft angegangen werden. Überträgt man diese Trends auf Jugendsprachreisen, bietet sich in diesem Zusammenhang als neue Idee ein CO_2-Fußabdruckrechner an. Dieser Rechner könnte beispielsweise die Umweltverträglichkeit einzelner Reisebestandteile (wie zum Beispiel Anreise, Ausflüge oder Freizeitaktivitäten) sowie der gesamten Reise im Vergleich zu anderen angebotenen Reisen ausweisen. Im Katalog von Offaehrte wird bereits auf die Organisation ‚Atmosfair' verwiesen, mit der Offaehrte eine Kooperation pflegt. Mit Atmosfair besteht die Möglichkeit bei Buchung einer Reise einen Klimaausgleichsbeitrag – meist als Ausgleich für den Flug – zu leisten (vgl. Offaehrte Sprachreisen – IP International Projects GmbH 2013, S. 78). Trotzdem könnten zusätzliche Angaben über klimaverträgliches Reisen, einhergehend mit der Umsetzung von nachhaltigen Angeboten, für Offaehrte vorteilhaft sein, wozu der CO_2-Fußabdruckrechner beitragen könnte. Der Kunde wird durch die Bereitstellung eines CO_2-Rechners aktiv in den Entscheidungsprozess eingebunden. Durch den Rechner besteht allerdings auch die Gefahr, dass Ferndestinationen als unattraktiv dargestellt werden. Als weitere Option ist auch eine Art ‚Alternativrechner' vorstellbar. Dieser könnte beispielsweise nachhaltige Alternativen zu bestimmten Produkten aufzeigen. Außerdem könnte dieser Rechner durch Checklisten erfragen, welche Aspekte eines Reisebestandteils für den Kunden wichtig sind, um zu sehen, ob diese Reisebestandteile durch etwas Umweltfreundlicheres ersetzt werden sollten. So könnte man als Kunde zum Beispiel eine Sprachreise nach Kanada buchen wollen, da diese über vielfältige Outdoor-Angebote verfügt. Steht eine ähnliche Outdoor-Reise in einer näher gelegenen Destination zur Verfügung, würde der Rechner diese vorschlagen und könnte anschließend noch die eingesparte Menge an Treibhausgasen angeben. In der Checkliste könnte man im Zusammenhang mit diesem Thema zum Beispiel auflisten, dass eine Reise nach Kanada dennoch sinnvoll ist, wenn man besonderen Wert auf die dortige Kultur oder Sehenswürdigkeiten o.Ä. legt. Auch eine Kombination des CO_2-Fußabdruckrechners mit dem bereits vorhandenen ‚Reisefinder' (vgl. Offaehrte Sprachreisen – IP International Projects GmbH o.J.f.) ist denkbar.

Der Reisefinder könnte um einige Parameter erweitert werden, um auch auf umweltbezogene Anfragen mit adäquaten Angeboten reagieren zu können. Ein weiterer Aspekt, welcher sowohl in Szenario 1 als auch in Szenario 3 von Bedeutung ist, ist die Etablierung von Fair-Trade- und Bio-Produkten sowie das vermehrte Aufkommen von Vegetariern in Deutschland. Da sich das Fair-Trade-Label hauptsächlich auf nicht in Europa produzierte Produkte bezieht, können im Bereich Verpflegung alternativ, wenn möglich, auch regionale Produkte angeboten werden. Bei Produkten, die nicht aus der Region stammen, wie zum Beispiel Kaffee, Kakao oder Südfrüchten, sollte dann vor allem auf gute Qualität und wenn möglich auch auf Fair-Trade geachtet werden. Wichtig ist, dass die Qualität der gesamten Verpflegung steigen sollte, da nicht nur mehr Wert auf die Nachhaltigkeit des Essens, sondern auch auf gesundes Essen im Allgemeinen gelegt wird. Zusätzlich wird bereits durch die in Kapitel 4.2. beschriebenen Bewertungen deutlich, dass Verbesserungen hinsichtlich der Qualität und Vielfalt des Essens notwendig sind. Außerdem sollte eine spezielle vegetarische Alternative bei jeder warmen Mahlzeit angeboten werden, selbst wenn in dem Land einer Destination Fleischgerichte eine große Rolle spielen sollten.

Neben dem Anstieg der Bedeutung der oben genannten Bio- und Fair-Trade-Produkte könnte das in Szenario 1 und 3 beschriebene gesteigerte Gesundheitsbewusstsein auch noch Einfluss auf weitere Aspekte der Verpflegung haben. Gemeint ist hiermit die bereits existierende Fruit'n'Fit Corner. Wie in Kapitel 4.1. erwähnt, existiert die Fruit'n'Fit Corner – bestehend aus einem Angebot von Obst, Wasser und Tee – noch nicht in allen von Offaehrte angebotenen Destinationen. Die Einführung dieses Gadgets in allen Destinationen sollte vorangetrieben werden. Außerdem sollte auch bei der Fruit'n'Fit Corner Wert auf Qualität, Vielfalt und Gestaltung gelegt werden. In Kapitel 4.2. wurde bei der Zufriedenheit der Kunden mit bestimmten Produktbestandteilen mehrfach erwähnt, dass das angebotene Wasser stark nach Chlor schmeckte. Dieser Umstand sollte durch die Bereitstellung von Wasser aus Flaschen oder gefiltertem Wasser gänzlich abzuschaffen sein. Außerdem sollte dafür gesorgt werden, dass das Obst in der Fruit'n'Fit Corner auch handlich präpariert wird. Eine ganze Orange ohne ein Messer zum Schälen und schneiden anzubieten, kann vielleicht das Marketing hinsichtlich gesunder Ernährung unterstützen und erfüllt auch die Beschreibung der Fruit'n'Fit Corner, führt aber sicherlich nicht dazu, dass das angebotene Obst von den Jugendlichen auch angenommen wird. Ferner könnte die Fruit'n'Fit Corner noch mit Gemüse – zum Beispiel Möhren, Gurken, Paprika – oder Fruchtsäften erweitert werden. Auf diese Weise würde eine größere Vielfalt erreicht werden, so dass jeder Geschmack angesprochen wird. Gleichzeitig könnte dieses Angebot kostenneutral gestaltet werden, da diese Produkte oft sogar günstiger sind als regionales Obst oder tropische Früchte.

Eine weitere Idee für Offaehrte, die Bewertungen aus Kapitel 4.2. hinsichtlich der Verpflegung zu verbessern und gleichzeitig eine weitere Aktivität ins Programm aufzunehmen, ist ein landestypischer Kochkurs. Dieser Kochkurs benötigt zwar eine professionelle Anleitung, würde aber im Gegenzug die Sprachkenntnisse durch direkte Anwendung verbessern. Weiterhin würde die Gemeinschaft gestärkt und den Reiseteilnehmern die landestypische Küche sowie die Kultur des Landes näher gebracht werden. Zusätzlich würde ein Erlebnis generiert und die Vielfalt sowohl im Angebot der Verpflegung als auch bei den Aktivitäten erhöht werden. Sinnvoll wäre es, den Kochkurs als Abendveranstaltung anzubieten, da hierfür wahrscheinlich mehr Zeit in Anspruch genommen werden muss. Wichtig ist, dass der Kochkurs den Fokus auf kulturell typisches, aber dennoch jugendgerechtes und gesundes Essen legt. Ein Fast-Food-Kochkurs würde diesen Prinzipien widersprechen. Der Kochkurs sollte durch ein gemeinsames Essen abgerundet werden. Aufgabe bei der Realisierung der Idee ist hauptsächlich die Akquise einer geeigneten Lokalität zur Durchführung zu finden. Ausgeschlossen ist eine Lösung hinsichtlich dieses Hindernisses aber keinesfalls. Denkbar ist auch eine Kooperation mit einer in der Region ansässigen Kochschule oder einem Restaurant.

Für die Menschen in Szenario 1 und 3 sind neben Umweltschutz, Gesundheitsbewusstsein, Freiheit und Flexibilität auch Naturaufenthalte wichtig. Eine Sprachreisen-Idee, die diese Aspekte vereint, ist der Aufenthalt in einem sogenannten ‚Green Camp'. Green Camps sind ursprünglich Zeltplätze auf Musikfestivals, bei denen Wert auf Ruhe, Ordnung und Müllvermeidung gelegt wird, was auf den ‚normalen' Zeltplätzen meist nicht der Fall ist. Für die Jugendsprachreisen geht die Idee ebenfalls in diese Richtung. In einem grünen Sprachcamp könnte die Unterkunft aus Bungalows, Zelten oder Wohnwagen bestehen, um eine naturnahe Atmosphäre zu schaffen. Sanitäre Anlagen und Unterrichtsräume könnten dann in festen Gebäuden zur Verfügung stehen. Die Verpflegung könnte in Gebäuden oder unter freiem Himmel stattfinden, wobei Grillabende gut in das Thema Green Camp passen würden. Auch Natursportarten und Aktivitäten in der Natur sowie der Mini-Survival-Kurs (siehe 6.3.) würden das Konzept abrunden. Kombiniert werden könnte das Green Camp ebenfalls mit Geocaching (siehe 6.3.), Unterricht unter freiem Himmel, Wissensvermittlung über Flora und Fauna oder Besuchen von Organisationen oder Unternehmen im Bereich Natur oder Nachhaltigkeit.

6.3. Szenario 1: Fahrrad, Apps, Survival-Kurs und Geocaching

In der Zukunft, welche in Szenario 1 beschrieben wird, sind Freiheit und Flexibilität wichtige Werte. Die Einführung eines Fahrradverleihs vor Ort bzw. Tickets für den öffentlichen Personennahverkehr würde den Jugendlichen diese Freiheit in einem gewissen Maß ermöglichen. Gleichzeitig bieten sowohl Fahrrad als auch ÖPNV eine umweltfreundliche Fortbewegungsmöglichkeit. Die Fahrräder könnten außerdem für gemeinsame Ausflüge genutzt werden (in die Stadt, an den Strand, ein Picknick in der Natur etc.). Organisatorische Aufgabe hierbei ist die Anschaffung und Unterbringung der Fahrräder sowie die zu organisierende Aufsichtspflicht. Bezüglich der Anschaffung besteht aber sicherlich die Möglichkeit, eine Partnerschaft mit Fahrradverleihern vor Ort einzugehen, um die Fahrräder für die Sommermonate zur Verfügung stellen zu können.

Des Weiteren wird in Szenario 1 die Bildungsvermittlung digitaler. In diesem Zusammenhang bietet es sich, an Apps zu erstellen. Eine Offline-Vokabel-App, die von Offaehrte erstellt und beworben wird, könnte beispielsweise bei jeder Aktivierung Vokabeln abfragen. Man könnte gelernte Vokabeln nach Themen sortieren. Zum Beispiel könnten alle Vokabeln in eine Kategorie einsortiert werden, die mit Surfen zu tun haben, weil die Sprachschüler diese für den Surf-Kurs gelernt haben. Wichtig hierbei ist, dass es sich um eine Offline-App handelt, da die Kosten für Internetnutzung im Ausland für die Jugendlichen ansonsten zu hoch würden. Auch ist hierbei die Konkurrenz von anderen etablierten Anbietern (zum Beispiel Langenscheidt oder Pons) für Vokabel-Apps zu beachten. Auch eine App von und vor allem über Offaehrte wäre denkbar. In dieser App könnte beispielsweise der Internetauftritt von Offaehrte für digitale Endgeräte verbessert werden. Gleichzeitig könnte eine Art Plattform geschaffen werden, auf der die Nutzer (bzw. die Sprachschüler) untereinander in

Kontakt bleiben können. Diese Peer-to-Peer-App würde allerdings nicht als Offline-App funktionieren, wäre aber auch für den Einsatz innerhalb von Deutschland sinnvoll. Weiterhin denkbar wären Apps zur Verbesserung der Sprachfähigkeiten, zum Beispiel mit Übungen, kleinen Tests, Sprachspielen, und der Möglichkeit den eigenen Lernfortschritt zu beobachten. In einer solchen App könnten beispielsweise auch Kalender integriert werden, die eine optimale Zeiteinteilung für den Sprachurlaub erstellen. Auch Apps zur Erforschung der Umgebung des Kursortes in der jeweiligen Landessprache wären denkbar. Auf diese Weise könnte man eigenständiges und kreatives Arbeiten mit der jeweiligen Sprache fördern.

Ferner wird in Szenario 1 davon gesprochen, dass Naturaufenthalte eventisiert und perfektioniert werden. Gleichzeitig werden sie durch den Einsatz von Technik sicherer und können interessant gestaltet werden. Gepaart mit dem Hang in Richtung Freiheit, Flexibilität und Selbstverwirklichung entstand die Idee für einen Mini-Survival-Kurs. Ein solcher Kurs könnte zum Beispiel im Rahmen eines Camping-Ausfluges oder Camping-Wochenendes stattfinden. Der Kurs sollte in der jeweiligen Zielsprache und unter professioneller Aufsicht stattfinden. Aktivitäten während dieses Kurses könnten zum Beispiel Pflanzenkunde, Orientierungsmöglichkeiten, Feuerholz sammeln und Feuer machen oder Unterkünfte bauen umfassen. Aufgabe wäre es, geeignete Kursorte in naturnahen Destinationen zu finden. Außerdem müsste für Materialien wie Schlafsack, Zelt etc. gesorgt werden. Denkbar ist auch eine Kombination eines solchen Kurses mit anderen Outdoor-Aktivitäten, zum Beispiel im Rahmen des Outdoor & Adventure Specials (siehe Kapitel 4.1.), welches von Offaehrte bereits angeboten wird.

Zur Erweiterung der Outdoor-Aktivitäten bietet sich auch das so genannte Geocaching, eine Art digitale Schnitzeljagd, an. Geocaches sind einfach vorzubereiten, das gesamte Jahr durchgehend einsetzbar und können als einfache, freie und flexible Freizeitaktivität angeboten werden. Hierzu wird entweder ein Smartphone mit Geocaching-App, welches zu hohen Kosten durch Internetnutzung im Ausland führen könnte, oder ein GPS-Gerät (auch manche Navigationsgeräte bieten die richtigen Voraussetzungen) benötigt. Damit die jugendlichen Reiseteilnehmer sich nicht in immense Handy-Unkosten stürzen, sollten Tracking-Geräte (eventuell gegen Pfand) zur Verfügung gestellt werden.

6.4. Szenario 3: Projekte und Praktika

Szenario 3 beschreibt eine Zukunft, in der Umwelt, Umweltschutz, Nachhaltigkeit und Tierschutz eine große Rolle in der Gesellschaft einnehmen. Diese Bereiche könnten im Rahmen einer Jugendsprachreise durch die Integration von bzw. Kooperation mit Tierschutzprojekten, Umweltschutzprojekten oder Nationalparks in das Portfolio mit aufgenommen werden. Diese Reisen würden sich vor allem durch das Alter der Teilnehmer (Einstieg jünger als 16 Jahre), die Zielorte (eher Ziele in Europa) und durch den Sprachkursanteil (Sprachkurs ist Hauptbestandteil der Reise, Projekte sind quasi Freizeitaktivitäten) von den übrigen Reiseangeboten von Offaehrte abgrenzen, welche im Bereich ‚Welten Entdecken' zu finden sind (organisierte Volunteer-Reisen). Denkbar sind in diesem Zusammenhang verschiedene Herangehensweisen. Zum einen könnten Organisationen, welche sich mit den oben genannten Themen beschäftigen, im Rahmen kurzer Ausflüge an Nachmittagen oder Wochenenden besucht werden. Den Jugendlichen würde dann ein grober Einblick in das jeweilige Thema vermittelt. Zum anderen ist die Integration von solchen Projekten in die gesamte Freizeitgestaltung, beispielsweise als Special, denkbar. In einem solchen Special könnten Jugendliche dann einen tieferen Einblick in die verschiedenen Organisationen erhalten und dort eventuell unterschiedliche Aktivitäten durchführen. Auch eine Kombination von Sprachkursen und einer Art Praktikum ist in diesem Zusammenhang denkbar. Dies würde den zusätzlichen Effekt haben, dass Praktika teilweise auch während der Schulzeit stattfinden, was den Reisezeitraum und somit auch den Zeitraum für potenzielle Einnahmen für Offaehrte erweitern würde. In beiden Fällen besteht der Vorteil der Sprachanwendung im Umgang mit aktuellen Themen, vermittelt von Muttersprachlern. Hinsichtlich dieser Kooperationen zu beachten wäre lediglich die Akquise geeigneter Partner, die nicht zu weit entfernt von geeigneten Kursorten liegen und gleichzeitig dazu bereit sind, eine solche Kooperation einzugehen. Ausgeschlossen ist eine solche Überlegung allerdings nicht, wenn man sieht, dass beispielsweise der Dartmoor National Park in der Nähe der Kursorte Exeter, Exmouth und Teignmouth oder der New Forest National Park in der Nähe von Bournemouth und Winchester liegen (vgl. National Parks UK o.J.).

6.5. Szenarien 2 und 3: Transparenz

Ein Aspekt, welcher sowohl in Szenario 2 als auch in Szenario 3 angesprochen wird, ist die Transparenz bezüglich verschiedener Kriterien. In Szenario 2 geht es um eine negative Beschreibung darüber, dass erhebliche Probleme durch fehlende Transparenz vor allem im Umweltbereich aufkommen können. Um dieser nicht erstrebenswerten Zukunft aus Szenario 2 entgegenzuwirken und gleichzeitig das in Szenario 3 beschriebene Vertrauen in Einrichtungen, Organisationen und Firmen zu erreichen, sollten bestimmte Maßnahmen von Offaehrte getroffen werden. Die unterschiedlichen Qualitätskriterien und Standards bezüglich der Sprachschulen, des Unterrichts und der Aktivitäten sowie Kriterien bezüglich nachhaltiger oder umweltfreundlicher Aspekte müssen genau definiert und offengelegt werden. Offenlegen soll in diesem Zusammenhang bedeuten, dass den Kunden bestimmte Kriterien zugänglich gemacht werden können, wenn diese danach suchen oder fragen. Das Vertrauen der Kunden in die Qualitätssicherung und Kontrolle bezüglich der Sicherheit, Hygiene, Versorgung oder Nachhaltigkeit bei Jugendsprachreisen sollte als wichtiges Kriterium zur Kundenbindung anerkannt werden. Auf diese Weise lässt sich Vertrauensverlust durch Greenwash oder andere falsche Versprechungen vermeiden.

6.6. Weitere Handlungsempfehlungen

Neben den Handlungsempfehlungen, welche auf der in dieser Studie durchgeführten Analyse und den daraus resultierenden Szenarien beruhen, sollten noch weitere zusätzliche Gesichtspunkte beachtet werden.

Die durchgeführte Trendforschung, umfasst nicht alle Aspekte, die generell für Trendforschungen möglich sind. So wurden beispielsweise von den 53 in der Konsistenzmatrix untersuchen Aspekten schließlich nur insgesamt sechs Schlüsselfaktoren ausgesucht und weitergehend analysiert. Es wäre folglich für Offaehrte empfehlenswert, weitere Analysen durchzuführen, um den möglichen Einfluss anderer Aspekte auf den Jugendsprachreisemarkt und die von Offaehrte angebotenen Produkte herauszuarbeiten. In diese Analyse einbezogen werden könnten zum Beispiel die verschiedenen Einflussfaktoren, die zwar im System Grid vermerkt sind, aber nicht unter den sechs für diese Analyse ausgewählten Schlüsselfaktoren zu finden waren. Mit Hilfe eines größeren Teams von Trendforschern, die eine Analyse durchführen, könnte auch eine größere

Anzahl an Schlüsselfaktoren bearbeitet werden. Interessant wäre hier vor allem eine Betrachtung der nächst wichtigen Einflussfaktoren aus dem System Grid (Fragmentierung der Märkte, Self-Tracking, E-Learning, Mass Customization oder Feminisierung) (siehe Kapitel 5.2.3. Ranglisten und 5.2.4. System Grid).

Zusätzlich sinnvoll wäre es, eine abermalige Bewertung aller in Konsistenzmatrix und Relevanzmatrix aufgelisteter Einflussfaktoren durch ein weiteres Team an Trendforschern durchzuführen. Auf diese Weise würden die gesammelten Faktoren aus einem anderen Blickwinkel betrachtet und es könnten den einzelnen Einflussfaktoren möglicherweise eine andere Bedeutung zugemessen werden, die im weiteren Verlauf der Analyse zu weiteren Szenarien und neuen Ideen für die Jugendsprachreisen führen könnte.

Des Weiteren sind weitere Trendforschungsstudien mit unterschiedlichen Schwerpunkten denkbar. Denkbar sind in diesem Zusammenhang Studien mit Fokus auf die existierenden Megatrends (Globalisierung, Female Shift, Konnektivität, Urbanisierung, Silver Society, Neo-Ökologie, Gesundheit, Neues Lernen, Mobilität, New Work, Individualisierung; vgl. Zukunftsinstitut GmbH 2013b) oder mit Fokus auf Teilbereiche der Jugendsprachreise (siehe Kapitel 2.1.).

Generell sollte Offaehrte die aktuellen Entwicklungen hinsichtlich der in dieser Studie ausgewählten Schlüsselfaktoren kontinuierlich beobachten. So können in den Szenarien beschriebene Entwicklungen kontrolliert werden. Außerdem sollte in einem Brainstorming-Verfahren nach weiteren Ideen gesucht werden, welche auf die in den Szenarien beschriebenen zukünftigen Entwicklungen passen.

Insgesamt ist der Reiseveranstalter Offaehrte Sprachreisen im Segment der Jugendsprachreisen gut aufgestellt und bietet bereits ein vielfältiges und aktuell ansprechendes Angebot an Reisen für Jugendliche. Viele der genannten Handlungsempfehlungen stellen deswegen vor allem eine Qualitätsverbesserung des Produkts in der Tiefe dar. Offaehrte sollte selbst entwickelte Ideen im Gesamtprozess genauer und qualitativ hochwertiger umsetzen. Beispiel Fruit'n'Fit Corner: Gäbe es nirgendwo ein solches Angebot, würde es von den Kunden nicht vermisst. Wird ein solches Angebot aber zur Verfügung gestellt und beworben, muss sichergestellt werden, dass eventuell beim Kunden geschaffene Erwartungen auch erfüllt werden können.

7. Fazit

Die vorliegende Studie hat gezeigt, dass es im Bereich Jugendsprachreisen durchaus sinnvoll sein kann, Trendforschung zu betreiben. Auf diese Weise können neue Ideen gefunden und unbekannte Situationen und Entwicklungen vorausgeahnt werden. In dieser Studie konnten mit Hilfe der genutzten Methodik Szenarien erstellt, Ideen erarbeitet und Handlungsempfehlungen ausgesprochen werden. Die Verwendung des Modells des Szenario-Managements hat sich in diesem Zusammenhang als sinnvoll erwiesen. Das Modell bietet einen gelungenen methodischen Rahmen zur Erarbeitung von Szenarien, welcher die kreativen Aspekte einer Trendforschung nicht verhindert, aber gleichzeitig eine geeignete Struktur vorgibt, die sicherstellt, dass alle wichtigen Aspekte zur Szenario-Erstellung berücksichtigt werden. Außerdem ist das Modell besonders gut für die Arbeit mit Unternehmen geeignet. Vor allem der letzte Schritt (Szenario-Transfer) des Modells bietet geeignete Rahmenbedingungen und Methoden für die Strategieentwicklung und Ideenfindung in Unternehmen, auf deren Grundlage Handlungsempfehlungen ausgesprochen werden konnten.

Dennoch ist mit den Ergebnissen dieser Studie der Prozess der Trendforschung im Bereich Jugendsprachreisen nicht abgeschlossen. Die untersuchten Aspekte müssen weiter verfolgt und beobachtet sowie aktuelle Änderungen in Gesellschaft, Umwelt, Politik usw. in die fortschreitenden Entwicklungen einbezogen werden. Auch wenn das Ziel der Studie, nämlich durch die Nutzung verschiedener Trendforschungsmethoden Zukunftsszenarien zu entwickeln und darauf aufbauend Handlungsempfehlungen für den Reiseveranstalter Offaehrte Sprachreisen auszusprechen, erreicht wurde, muss weiter an der Thematik gearbeitet werden. Nur durch regelmäßige und kontinuierliche Bearbeitung des Themas können beschriebene mögliche Entwicklungen bestätigt oder revidiert werden. Auch eine Bearbeitung des Themas unter anderen Gesichtspunkten, wie sie in Kapitel 6.6. beschrieben wurden, ist sinnvoll, um weitere wertvolle Beiträge zur Weiterentwicklung von Jugendsprachreisen leisten zu können.

Insgesamt bleibt zu sagen, dass das Potenzial an Trendforschungsstudien und anderen Untersuchungen für den Jugendsprachreisemarkt bei weitem nicht ausgeschöpft ist und sich in diesem Zusammenhang viele

Chancen sowohl für den Reiseveranstalter Offaehrte Sprachreisen als auch für andere Sprachreiseveranstalter bieten.

Literaturverzeichnis

Aderhold, Peter (2012): Die Urlaubsreisen der Deutschen – Kurzfassung der Reiseanalyse 2012. Kiel: FUR.
Albert, Mathias; Hurrelmann, Klaus; Quenzel, Gudrun; TNS Infratest Sozialforschung; Shell Deutschland Holding GmbH (Hrsg.) (2010): Jugend 2010 – Eine pragmatische Generation behauptet sich. Frankfurt am Main: Fischer Taschenbuch Verlag.
Baumbach, Ina (2007): Was erwartet der Gast von morgen? – Trends in Tourismus und Freizeitgestaltung und wie man sie richtig erkennt. Heidelberg: Redline GmbH.
Bibliografisches Institut GmbH (2013): Duden. http://www.duden.de/suchen/duden online/handlungsempfehlung, Zugriff am 13.08.2013.
Bibliografisches Institut GmbH (2013a): Duden. http://www.duden.de/rechtschreibung/ Brainstorming, Zugriff am 01.11.2013.
Bovenkerk, Eva (2006): Trendforschung. Saarbrücken: VDM Verlag Dr. Müller.
Brockhaus (1993): Brockhaus Enzyklopaedie. 19. Auflage. Band 22. Mannheim: Brockhaus.
Bundesministerium für Umwelt, Naturschutz und Reaktorsicherheit (2012): Erneuerbare Energien in Zahlen – nationale und internationale Entwicklung. Berlin: Bonifatius GmbH Paderborn. Online unter: http://www.bmu.de/fileadmin/bmu-import/files/pdfs/ allgemein/application/pdf/broschuere_ee_zahlen_bf.pdf, Zugriff am 12.08.2013.
CBC (2013): Mount Everest by the Numbers. http://www.cbc.ca/news/interactives/ everest/, Zugriff am 22.08.2013.
Coca-Cola Company (2009): Mythos Coca-Cola – Die Coca-Cola Kampagnen in Deutschland. http://assets.coca-colacompany.com/61/a3/b8ab2cd8481ebdb1799e92 bafb51/cc-slogans.pdf, Zugriff am 21.08.2013.
Conrady, Roland; Buck, Martin (2009): Trends and Issues in Global Tourism. Berlin: Springer Verlag.
Cornish, Edward (2004): Futuring – The Exploration of the Future. Bethesda, Maryland, USA: World Future Society.
Dalhaus, Eva (2009): Lernraum Sprachreise – Perspektiven für Kompetenzentwicklung. Frankfurt am Main: Peter Lang GmbH.
Dudenredaktion; Wermke, Matthias; Klosa, Annette; Kunkel-Razum, Kathrin; Scholze-Stubenrecht, Werner (2001): Duden Herkunftswörterbuch, 3. überarbeitete Auflage. Band 7. Mannheim: Dudenverlag.
Dudenredaktion; Wermke, Matthias; Kunkel-Razum, Kathrin; Scholze-Stubenrecht, Werner (2002): Duden – Das Bedeutungswörterbuch. 3. Auflage. Band 10. Mannheim: Dudenverlag.
Fachverband Deutscher Sprachreiseveranstalter e.V. (2013): Fachverband Deutscher Sprachreiseveranstalter – Key Facts. http://www.fdsv.de/keyfacts.html, Zugriff am 10.07.2013.
Fachverband Deutscher Sprachreiseveranstalter e.V. (2013a): Marktanalyse 2012. http://www.fdsv.de/statistik.html, Zugriff am 09.07.2013.

Fachverband Deutscher Sprachreiseveranstalter e.V. (o.J.): Ratgeber – Sprachreisen für Schüler und Erwachsene. http://www.fdsv.de/ratgeber-downloaden.html, Zugriff am 14.07.2013.

Gausemeier, Jürgen; Plass, Christoph; Wenzelmann, Christoph (2009): Zukunftsorientierte Unternehmensgestaltung – Strategien, Geschäftsprozesse und IT-Systeme für die Produktion von morgen. München, Wien: Carl Hanser Verlag.

Giese, Heiner (2012): Eintauchen in Land und Language – Sprachreisen für Kinder und Jugendliche. In: Korbus, Thomas; Freericks, Renate; Porwohl, Bernhard (2012): Jugendreisen 2.0 – Analysen und Perspektiven. Bielefeld: ruf akademie.

Horx Zukunftsinstitut GmbH (2010): Trend Definitionen. http://www.horx.com/zukunfts forschung/Docs/02-M-03-Trend-Definitionen.pdf, Zugriff am 12.07.2013.

Hurrelmann, Klaus; Quenzel, Gudrun (2012): Lebensphase Jugend. 11. Auflage. Weinheim: Beltz Juventa.

iSt Internationale Sprach- und Studienreisen GmbH (2013): Sprachreisen für Schüler. http://www.sprachreisen.com/sprachreisen/informationen/sprachreisen_fuer_schueler /?js=1, Zugriff am 17.08.2013.

JobDL (o.J.): Sprachreisen Test. http://www.sprachreisen-test.de/sprachreiseveranstal ter/offaehrte-sprachreisen/, Zugriff am 08.11.2013.

Klein, Zamyat (2008): Kreative Seminarmethoden – 100 kreative Methoden für erfolgreiche Seminare. 4. Auflage. Offenbach: Gabal Verlag GmbH.

Koch, Jörg (2004): Marktforschung. 4. Auflage. München: Oldenbourg Wissenschaftsverlag GmbH.

Kosow, Hannah; Gaßner, Robert; Erdmann, Lorenz; Luber, Beate-Josephine (2008): Methoden der Zukunfts- und Szenarioanalyse – Überblick, Bewertung und Auswahlkriterien. Berlin: Institut für Zukunftsstudien und Technologiebewertung.

Mayring, Philipp (2002): Einführung in die qualitative Sozialforschung – eine Anleitung zu qualitativem Denken. 5. Auflage. Weinheim, Basel: Beltz Verlag.

Mićić, Pero (2006): Das Zukunftsradar – Die wichtigsten Trends, Technologien und Themen für die Zukunft. Offenbach: GABAL Verlag GmbH.

National Parks UK (o.J.): National Parks – Britains Breathing Spaces. http://www.na tionalparks.gov.uk/, Zugriff am 13.11.2013

Niederbacher, Arne; Zimmermann, Peter (2011): Grundwissen Sozialisation – Einführung zur Sozialisation im Kindes- und Jugendalter. 4. Auflage. Wiesbaden: VS Verlag für Sozialwissenschaften, Springer Fachmedien Wiesbaden GmbH.

OECD; Bundesministerium für Bildung und Forschung (Hrsg. für die Deutsche Ausgabe) (2013): Bildung auf einen Blick 2013 – OECD Indikatoren. W. Bertelsmann Verlag.

Offaehrte Sprachreisen – IP International Projects GmbH (2012): Survey Summer 2012 – Kids. Unveröffentlichte Untersuchung. Bremen.

Offaehrte Sprachreisen – IP International Projects GmbH (2012a): Survey Summer 2012 – Adolescents. Unveröffentlichte Untersuchung. Bremen.

Offaehrte Sprachreisen – IP International Projects GmbH (2013): Schülersprachreisen 2014. Reisekatalog. Bremen.

Offaehrte Sprachreisen – IP International Projects GmbH (o.J.): Offaehrte Sprachreisen – Über uns. http://www.offaehrte.de/info/offaehrte, Zugriff am 02.09.2013.

Offaehrte Sprachreisen – IP International Projects GmbH (o.J.a): Offaehrte Sprachreisen – Schülersprachreisen weltweit. http://www.offaehrte.de/schuelersprachreisen/index.html, Zugriff am 02.09.2013.

Offaehrte Sprachreisen – IP International Projects GmbH (o.J.b): Offaehrte Sprachreisen – Englisch & Reiten. http://www.offaehrte.de/schuelersprachreisen/weymouth.html, Zugriff am 02.09.2013.

Offaehrte Sprachreisen – IP International Projects GmbH (o.J.c): Offaehrte Sprachreisen – Outdoor Adventure. http://www.offaehrte.de/schuelersprachreisen/windmill-hill.html, Zugriff am 02.09.2013.

Offaehrte Sprachreisen – IP International Projects GmbH (o.J.d): Offaehrte Sprachreisen – Englisch lernen auf der Alexander von Humboldt II. http://www.offaehrte.de/sprachreisen-erwachsene/alexander-von-humboldt-flug.html, Zugriff am 02.09.2013.

Offaehrte Sprachreisen – IP International Projects GmbH (o.J.e): Offaehrte Sprachreisen – Schülersprachreisen Winchester. http://www.offaehrte.de/schuelersprachreisen-england/winchester.html, Zugriff am 02.09.2013.

Offaehrte Sprachreise – IP International Projects GmbH (o.J.f.): Offaehrte Sprachreisen – Sprachreisenfinder. http://www.offaehrte.de/home/reisefinder.html, Zugriff am 11.11.2013.

Petermann, Thomas; Scherz, Constanze; Revermann, Christoph (2006): Zukunftstrends im Tourismus. Berlin: Edition Sigma.

Pfadenhauer, Michaela (2004): Wie forschen Trendforscher? Zur Wissensproduktion in einer umstrittenen Branche. In: Forum Qualitative Sozialforschung. http://www.qualitative-research.net/index.php/fqs/article/view/602/1305#footnoteanchor_4, Zugriff am 12.07.2013.

Reinhard, Ulrich (2010): Tourismusanalyse 2010 – Das Magazin zur Reiselust der Deutschen. 1. Auflage. Hamburg: CH. Goetz Verlag.

Rogl, Dirk (2012): Das junge Reisen und die Bedeutung für die Touristik. In: Korbus, Thomas; Freericks, Renate; Porwohl, Bernhard (2012): Jugendreisen 2.0 – Analysen und Perspektiven. Bielefeld: ruf akademie.

Schroeder, Günter (2002): Lexikon der Tourismuswirtschaft. 4. Auflage. Hamburg: TourCon Hannelore Niedecken GmbH.

Sprachcaffe Reisen GmbH (2013): Sprachreisen für Schüler. http://www.sprachcaffe.de/schuelersprachreisen.htm, Zugriff am 15.08.2013.

Statista GmbH (2013): Umsatz der Vergnügungs- und Themenparks* in Deutschland von 2003 bis 2010 (in Millionen Euro). http://de.statista.com/statistik/daten/studie/234606/umfrage/unternehmen-im-schaustellergewerbe-vergnuegungsparks/, Zugriff am 21.08.2013.

Statista GmbH (2012): Religion – Statista Dossier 2012. http://de.statista.com/statistik/studie/id/6521/dokument/religion---statista-dossier-2012/, Zugriff am 22.08.2013.

Statistisches Bundesamt (2013): Indikatoren zur nachhaltigen Entwicklung in Deutschland. Wiesbaden. https://www-genesis.destatis.de/genesis/online/logon?language=de&sequenz=tabelleErgebnis&selectionname=91111-0001, Zugriff am 14.08.2013.

Statistisches Bundesamt (2013a): Bevölkerung. https://www.destatis.de/DE/ZahlenFakten/Indikatoren/LangeReihen/Bevoelkerung/lrbev05.html, Zugriff am 22.08.2013.

Statistisches Bundesamt (2013b): Umwelt. https://www.destatis.de/DE/ZahlenFakten/ GesamtwirtschaftUmwelt/Umwelt/Umwelt.html, Zugriff am 14.08.2013.
Statistisches Bundesamt (2013c): Frauen und Männer auf dem Arbeitsmarkt. https://www.destatis.de/DE/Publikationen/Thematisch/Arbeitsmarkt/Erwerbstaetige/Br oeschuereFrauenMaennerArbeitsmarkt0010018129004.pdf?__blob=publicationFile, Zugriff am 14.08.2013.
Statistisches Bundesamt (2013d): Umweltschutzmaßnahmen. https://www.destatis.de/ DE/ZahlenFakten/GesamtwirtschaftUmwelt/Umwelt/UmweltoekonomischeGesamtrec hnungen/Umweltschutzmassnahmen/Tabellen/AusgabenUmweltschutz.html, Zugriff am 14.08.2013.
Team! Sprachen & Reisen GmbH (2013): Sprachreisen für Schüler. http://www.team-sprachreisen.de/schueler/?js=1, Zugriff am 22.08.2013.
Thebing Travel Group GmbH (2013): Kolumbus Sprachreisen. http://www.kolumbus-sprachreisen.de/sprachschule/schueler-sprachreisen.html, Zugriff am 15.07.2013.
Weidenmann, Bernd (2010): Handbuch Kreativität. Weinheim und Basel: Beltz Verlag.
YouTube (2013): YouTube. http://www.youtube.com/, Zugriff am 21.08.2013.
Zukunftsinstitut GmbH (Hrsg); Horx, Matthias; Rauch, Christian; Wenzel, Elke (2006): Global Trends Monitor. Kelkheim. CD zum Buch.
Zukunftsinstitut GmbH (2007): Megatrend Dokumentation. Kelkheim. CD zum Buch.
Zukunftsinstitut GmbH (Hrsg); Horx, Matthias (2007a): Die Macht der Megatrends. Kelkheim. CD-Rom.
Zukunftsinstitut GmbH (Hrsg); Horx, Matthias; Ferfers, Matin; Huber, Thomas et al. (2011): Trend-Report 2012 – Soziokulturelle Schlüsseltrends für die Märkte von morgen. Kelkheim: Zukunftsinstitut GmbH.
Zukunftsinstitut GmbH (Hrsg); Albers, Philipp; Friebe, Holm; Huber, Thomas et al. (2012): Trend-Report 2013 – 10 Driving Forces für die Märkte von morgen. Kelkheim: Zukunftsinstitut GmbH.
Zukunftsinstitut GmbH (2013): Zukunftsinstitut – Trendforschung. http://www.zukunfts institut.de/trendforschung, Zugriff am 12.07.2013.
Zukunftsinstitut GmbH (2013a): Trends Grundlagenwissen. http://www.zukunfts institut.de/trends, Zugriff am 12.07.2013.
Zukunftsinstitut GmbH (2013b): Zukunftsinsitut – Megatrends – die großen Treiber der Gesellschaft. http://www.zukunftsinstitut.de/megatrends, Zugriff am 15.11.2013

Anhangsverzeichnis

Anhang 1: Altersverteilung vi

Anhang 2: Zielländer vi

Anhang 3: Schulform vii

Anhang 4: Gastfamilie vii

Anhang 5: Anreise viii

Anhang 6: Zufriedenheit mit Urlaubsaspekten ix

Anhang 7: Zufriedenheit mit Urlaubsaspekten – Mittelwerte ix

Anhang 8: Einflussmatrix x

Anhang 9: Relevanzmatrix xi

Anhang 10: Rangliste Aktivsumme xii

Anhang 11: Rangliste Passivsumme xiii

Anhang 12: Rangliste Relevanzsumme xiv

Anhang 13: Scree Diagramm Original xv

Anhang 14: Clusterung Original xvi

Anhang 15: Ausprägungstabelle original xvii

Anhang 16: Angebotsübersicht Jugendsprachreisen Offaehrte xviii

Anhang 17: Brainstorming Tabellen xx

Anhang 18: Brainstorming Szenario 1 xxii

Anhang 19: Brainstorming Szenario 2 xxiii

Anhang 20: Brainstorming Szenario 3 xxiv

Anhang 21: Zusammenfassung Kommentare xxv

Anhang

Anhang 1: Altersverteilung

13 Jahre	14 Jahre +	15 Jahre	16 Jahre	17 Jahre
230	348	301	151	71

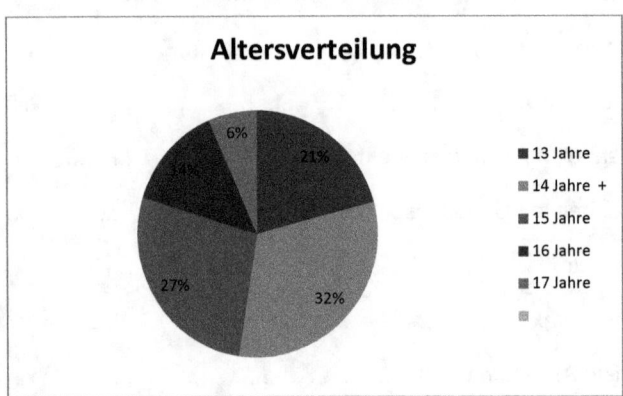

Anhang 2: Zielländer

	England	Frankreich	Deutschland
13 Jahre	180	8	42
14+ Jahre	312	6	30
15 Jahre	281	18	2
16 Jahre	140	9	2
17 Jahre	63	7	1
	England	Frankreich	Deutschland
	976	48	77

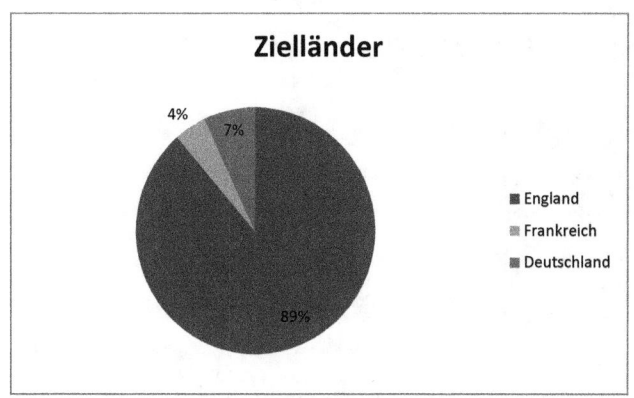

Anhang 3: Schulform

	13 Jahre	14+ Jahre	15 Jahre	16 Jahre	17 Jahre	Summe
Hauptschule	2	3	1	0	0	6
Realschule	17	36	46	15	4	118
Gymnasium	121	158	159	69	26	533
Gesamtschule	20	20	13	4	7	64

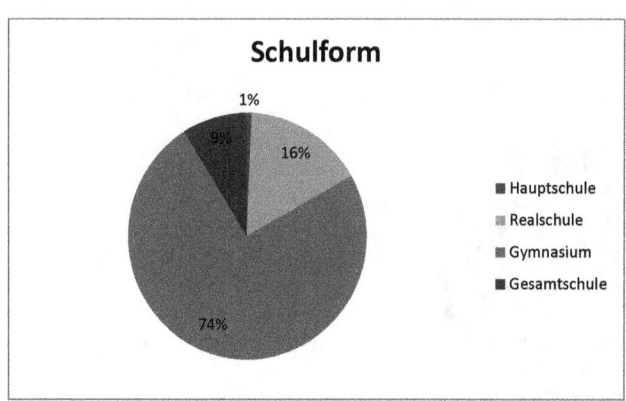

Anhang 4: Gastfamilie

13 Jahre	14 Jahre	15 Jahre	16 Jahre	17 Jahre	Gastfamilie	keine Gastfamilie
14	34	33	13	4	98	1003

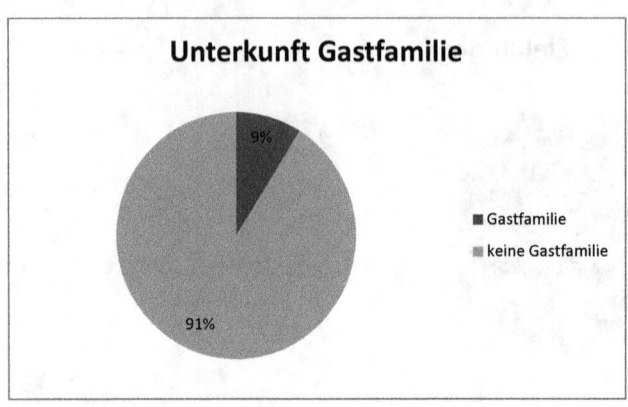

Anhang 5: Anreise

	Bus	Zug	Flugzeug	Auto
13 Jahre	143	9	38	40
14 Jahre	203	8	109	28
15 Jahre	212	9	71	9
16 Jahre	91	10	46	4
17 Jahre	36	6	27	2

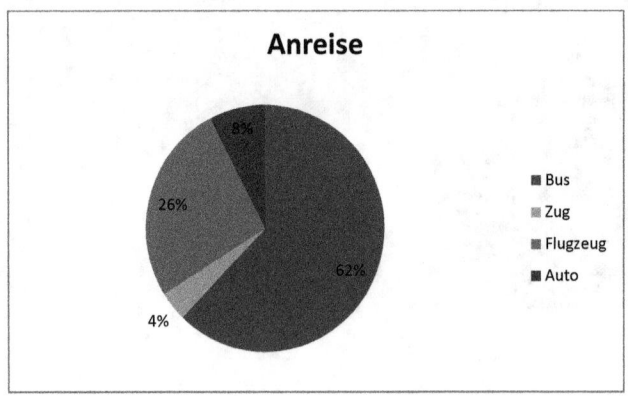

Anhang 6: Zufriedenheit mit Urlaubsaspekten

	13 Jahre	14 Jahre	15 Jahre	16 Jahre	17 Jahre
Urlaub gesamt	4,3	4,2	3,9	3,9	3,9
Hotel / Campingplatz	3,8	3,7	3,4	3,4	3,4
Urlaubsort	4,4	4,2	4,2	4,2	4,1
Einheimische	4	3,9	3,9	3,8	3,9
Stundenplan	3,8	3,8	4	3,9	3,6
Unterricht	3,9	3,7	3,8	3,7	3,5
Mitschüler	4,5	4,4	4,1	4,1	4
Stimmung	4,3	4,3	4,1	4	4
Anreise	3,6	3,4	3,1	3,3	3,1
Personal	4,1	3,9	3,7	3,8	3,8
Betreuer	4,4	4,3	4	3,8	3,9
Essen	3,2	2,8	2,6	2,6	2,5
Lehrer	4,2	4,1	4,2	4,1	3,9
Sportangebot	4,1	3,9	3,4	3,2	3,4
Ausflüge	4,1	4	0,9	3,8	3,6
Aktivitäten	4,1	3,9	3,4	3,1	3,1
Mitreisende	4,3	4,3	4	3,8	4

Anhang 7: Zufriedenheit mit Urlaubsaspekten – Mittelwerte

Urlaub gesamt	4,4
Hotel / Campingplatz	3,54
Urlaubsort	4,22
Einheimische	3,9
Stundenplan	3,82
Unterricht	3,72
Mitschüler	4,22
Stimmung	4,14
Anreise	3,3
Personal	3,86
Betreuer	4,08
Essen	2,74
Lehrer	4,1
Sportangebot	3,6
Ausflüge	3,28
Aktivitäten	3,52
Mitreisende	4,08

Anhang 8: Einflussmatrix

Anhang 9: Relevanzmatrix

Anhang 10: Rangliste Aktivsumme

Rang	Faktor	Aktivsumme
1	Globalisierung	109
2	Bildung	90
3	Europäische Integration	87
3	Quartarisierung/Wissensgesellschaft	87
5	Nachhaltigkeit	84
6	Individualisierung	83
7	Internetisierung	79
8	Tourismusboom	77
8	Neo-Ökologie	77
8	Connectivity	77
11	Globales Wirtschaftswachstum	75
12	Peer Education	71
12	New Work	71
12	Mobilität	71
15	Zunehmende Komplexität	70
15	Urbanisierung	70
17	zunehmende int. Kooperationen	68
18	Female Shift	65
18	Feminisierung	65
20	Ethisierung	62
21	Mobilisierung	60
21	Augmented Outdoor	60
21	Informatisierung	60
24	Gesundheit	59
25	Early Adulting	57
26	Salutogenese	56
27	Emanzipation der Kunden	54
28	Managementinnovationen	53
28	Interkulturalisierung	53
28	Flexibilisierung	53
31	Asien	51
31	Erlebnisorientierung	51
33	E-Learning	50
33	Interdisziplinarisierung	50
33	Wissenssysteme	50
36	Logistik- und Verkehrsinnovationen	49
37	Self-Tracking	44
38	Fragmentierung der Märkte	43
39	Mass Customization	35
40	Polarisierung der Märkte	26

Anhang 11: Rangliste Passivsumme

Rang	Faktor	Passivsumme
1	Zunehmende Komplexität	109
2	Flexibilisierung	104
3	Fragmentierung der Märkte	101
4	Emanzipation der Kunden	99
4	Individualisierung	99
6	Globalisierung	89
7	Ethisierung	85
8	Mass Customization	81
8	Bildung	81
10	Globales Wirtschaftswachstum	79
10	Connectivity	78
12	Netzwerkwirtschaft	76
13	Nachhaltigkeit	75
13	New Work	75
15	Interkulturalisierung	72
16	Interdisziplinarisierung	71
17	Mobilität	67
17	Zunehmende int. Kooperationen	67
19	Peer Education	66
20	Quartarisierung/Wissensgesellschaft	65
21	Neo-Ökologie	64
22	Tourismusboom	62
23	Managementinnovationen	61
24	Convenience-Orientierung	55
25	Wissenssysteme	54
25	Mobilisierung	54
27	Augmented Outdoor	51
27	E-Learning	51
29	Erlebnisorientierung	53
30	Salutogenese	50
31	Female Shift	49
31	Feminisierung	49
31	Gesundheit	49
31	Logistik- und Verkehrsinnovationen	49
35	Internetisierung	48
35	Self-Tracking	48
35	Liberalisierung	48
35	Europäische Integration	48
39	Early Adulting	34
40	Polarisierung der Märkte	33
41	Asien	32

Anhang 12: Rangliste Relevanzsumme

Rang	Faktor	Relevanzsumme
1	Neo-Ökologie	50
1	Peer Education	50
3	Erlebnisorientierung	49
3	Nachhaltigkeit	49
5	Individualisierung	48
6	Ethisierung	47
7	Augmented Outdoor	45
8	Gesundheit	44
9	Salutogenese	43
10	Fragmentierung der Märkte	42
10	Self-Tracking	42
12	E-Learning	41
13	Early Adulting	40
14	Mass Customization	38
15	Female Shift	33
16	Feminisierung	32
16	Asien	32
16	Polarisierung der Märkte	32
19	Logistik und Verkehrsinnovationen	30
19	Globalisierung	30
19	Zunehmende int. Kooperationen	30
19	zunehmende Komplexität	30
23	Connectivity	29
24	Interkulturalisierung	28
25	Bildung	27

Anhang 13: Scree Diagram (Original)

Anhang 14: Clusterung (Original)

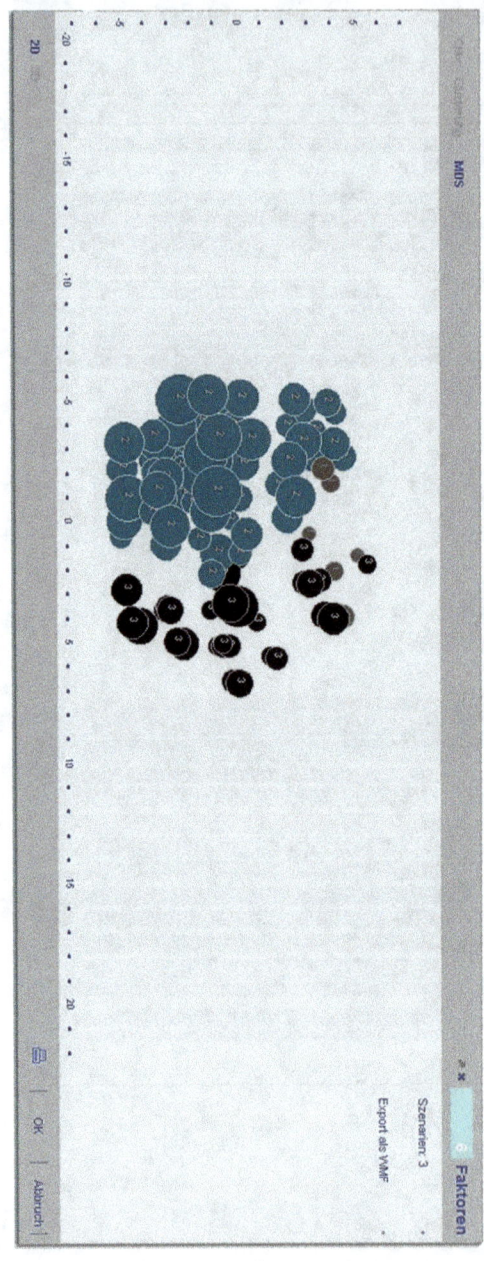

Anhang 15: Ausprägungstabelle (Original)

Clustering	Schlüsselfaktor	Projektion	Sc 1	Sc 2	Sc 3
Neo Ökologie	1A	Öko Akzeptanz	10	3	60
Neo Ökologie	1B	Öko Boom	40	1	50
Neo Ökologie	1C	Öko Distanzierung	50	95	0
Peer Education	2A	Langsame Bildungsreform	100	28	3
Peer Education	2B	Digitalisierung der Bildung	0	33	3
Peer Education	2C	Traditionelle Bildung	0	38	53
Erlebnisorientierung	3A	Etwas Erleben	40	30	33
Erlebnisorientierung	3B	Erleben Extrem	60	6	23
Erlebnisorientierung	3C	Ruhe finden	0	63	43
Individualisierung	4A	Mehr Individualisierung	50	48	20
Individualisierung	4B	Individualisierung Extrem	50	36	70
Individualisierung	4C	Individualisierung stagniert	0	23	10
Augmented Outdoor	5A	AO Etablierung	10	45	60
Augmented Outdoor	5B	AO Boom	80	6	0
Augmented Outdoor	5C	AO Randerscheinung	10	48	40
Gesundheit	6A	Gesundheitsbewusstsein	70	46	40
Gesundheit	6B	Gesundheitsboom	30	0	60
Gesundheit	6C	Gesundheitslüge	0	0	0

Szenarien: 3
Obere Schranke: 70
Untere Schranke: 25
Export in Zwischenablage

Anhang 16: Angebotsübersicht Jugendsprachreisen Offaehrte

EZ	Bungalow	Residence	Gastfamilie	Text/Exam	Zertifikat	Unterrichtsmaterial	Einstufungstest vor Ort	Fortgeschrittene (C1)	Mittelstufe (A2, B1, B2)	Anfänger (A1)	Summer College (35x45)	Abiturvorbereitung (20x45)	Kleingruppe (20x45)	Kombi (15+5x45)	Super Intensiv (25x45)	Intensiv (20x45)	Standard (15x45)	Ort
x	x			x	x	x	x	x							o	o	x	Bath
	x	x	o	x	x	x	x	x	x					o		o	o	x	Teignmouth
		x	o	x	x	x	x	x					o		o	o	x	Exmouth
x	x	x	o	x	x	x	x	x					o		o	o	x	Exeter
x	x	x		x	x	x	x	x	x		o			o	o	x	Bournemouth
x	x			x	x	x	x	x						o	o	x	Bognor Regis
x	x		o	x	x	x	x	x				o	o		o	x	Chichester
x	x			x	x	x	x	x						o	x	Winchester
x	x			x	x	x	x	x			x				x	Winchester SC
		x		x	x	x	x	x						x	Weymouth
x	x			x	x	x	x	x				o	o	x	Cork
	x			x	x		x	x						x	Rumänien
	x	x		x	x	x	x	x				o		x	Sliema Malta
x	x			x	x	x	x	x					x	x	New York
		x		x	x	x	x	x			o		o	x	Biarritz
	x	x		x	x	x	x	x					x	Barcelona
x	x	x	o	x	x	x	x	x			o		o	x	Antibes
															Cannes
	x			x	x	x	x	x					x	La Crau
	x			x	x	x	x	x					x	Kingston Maurward College
	x			x	x	x	x	x					x	Calgary
															Bexhill on Sea
x		x		x	x	x	x	x					x	Powell River
	x			x	x	x	x	x					v	Vieux Boucau
	x			x	x	x	x	x					v	Playa de Aro
		x		x	x	x	x	x					v	Saint Feliu
	x			x	x	x	x	x					v	Skagersbrunn
	x	x		x	x	x	x	x					v	Peschici
				x		x	x							Schiff

	Anreise					Verpflegung				Freizeit						Ausflüge									
DZ / MZ	Bus	Bahn	Flugzeug (+Zuschläge)	Eigenanreise	Transfer	HP	VP	Vegetarisch	Fruit n Fit Corner	Workshops	Sport	Ruhe	Kultur	Natur in der Nähe	Ocean Lounge / Chill Out	kurz	halbtags	ganztags	London overnight	Wochenende	Sommer	Herbst	Ostern	Winter	Pfingsten

Anhang 17: Brainstorming-Tabellen

Nachhaltige/umweltbewusste Fortbewegung
Fahrrad, Bus, Segway, Zug, zu Fuß, Straßenbahn, E-Bike, Kutsche, Kickroller, Pferd, Rollschuhe, Boot, Elektrobus, Fähre, Elektroauto, Solarauto, Solarfahrrad

Individuelle, freie, flexible Unterkunft
Einzelzimmer, Doppelzimmer nur mit Freunden, Trennwand, Themenzimmer mit Gadgets oder bestimmter Gestaltung, Hängematte, Vorhang zur Trennung, eigenes Bad, eigenes Klo, Hotel, Zelt, Bungalow, WGs, Wohnungen, Hütte selber bauen, Unterkunft immer selber auswählen können

Gemeinschaft und gemeinschaftliche Unterkunft
Gemeinschaftsraum, Wohnzimmer, Essen, Spieleraum, Kreativecke, laut, voll, Lagerfeuer, Teamsportarten, Teambuilding-Seminare, Wohnung, Bungalow, gemeinsame Küche, Internat

Bio-, Fair-Trade-Verpflegung
Bio kaufen, Bauernhof, selber anbauen, Naturladen Wochenmarkt, Obstgarten, Kontrolle, Partnerkonzepte mit Anbietern

Gesunde Verpflegung
Ernährungspyramide, Obst, Gemüse, weniger Süßes, weniger Fleisch, keine Zuckergetränke, vielseitiges Essen, muss lecker sein, Salat, frisch, nicht frittiert, kostet mehr, dauert länger, schmeckt besser

Apps im Unterricht
Vokabel-App, Offährte-App, Peer-to-Peer-App, Kultur, Sprache, Kontaktbörse, eigener Lernfortschritt, Sprachspiel, Kulturspiel, für Tablet, für Telefon, Internet ist teuer im Ausland, offline, Internetzugang ermöglichen, Konzentrationsverlust, Realitätsverlust, neu ist nicht immer besser, alt ist nicht immer besser

Extremsport/Trendsport in Freizeit
Gefährlich, Kosten, Motivation, Erklärungen, viele Materialien für viele unterschiedliche Sportarten nötig, Zeit, Nervenkitzel, Aufsichtspflicht, Bungee, Fallschirm, Klettern, Bouldern, Wassersport, Mölki, Schlag-den-Raab-Spiele, Crossboccia, mehr Urlaub als Sprache

Wellness
Jungs finden das doof, Beauty, Schminken, Sauna, Pool, Dampfbad, Massage, Peeling, Geschlechtertrennung, langweilig, alt, Produkte, Whirlpool, Wellness = Gesund? Wellness = nachhaltig?, nicht jeden Tag

Freizeit frei, flexibel, individuell
Immer verschiedene Angebote, nicht alles am selben Ort, Freiheit = ohne Betreuer, zu gefährlich ohne Betreuer, Freiheit = Wasser, Luft, Sportarten in Wasser und Luft, spontan entscheiden, was man möchte, nicht immer das gleiche Angebot, nicht alles mit allen in der Gruppe machen, alles ausprobieren, nichts zusagen, immer die Option für was Besseres offen lassen, führt zu nichts tun, Party

Technik für Wissen und Natur	
Natur-Apps, Wissens-Apps, Sonar, Fernglas, bessere Materialien, Natur durch andere Augen sehen, andere Perspektiven, Naturcamp, Sicherheit, Natur ist nicht mehr ursprünglich, alles ist digital, digitale Touren, digitaler Guide, Veranstaltungen raussuchen, Lexikon	
Greenwash	
Vertrauensverlust, Qualität offenlegen, Kriterien offenlegen, Kommunikation ist wichtig, Sicherheit geben, selber genau kontrollieren, unerwünscht bei Kunden, kann Absatz steigern und senken, je nachdem ob es rauskommt, Image, Farbe Grün, Bio-Lüge, fehlende Transparenz, Hass, Protest	
Bausteinsystem	
Darstellung, Kacheln wie bei Apps, Puzzle, höhere Kosten, programmieren, Reisefinder ausweiten, mehr Optionen, Optionsübersicht, Möglichkeiten aufzeigen, Kunden integrieren, eher bei eigenen Orten/Schulen umsetzbar?, Bausteine nicht nur für Freizeit	
Unterrichtsstandards / Qualität	
Qualifikation der Lehrer, gleiche Kurszeiten, gleiche Materialien?, Überprüfung, Standards festlegen, offenlegen und kontrollieren, Partnerschaft mit anderen Schulen oder Zertifizierungsmöglichkeiten, überall die gleichen Unterrichtsbausteine, subjektive Einschätzung der Lehrer	
Ganzheitliches Wohlbefinden	
Gemütlich, Ruhe, Entspannung, Wellness, gutes Essen, Musik, Badewanne, warm, Sonne, Sitzecke, Süßigkeiten, Sport, Frisör, Freunde, Spaß, kein Stress, kein Druck, keine Noten, gutes Bett, Decken für draußen, gemütliche Stühle, Komfort im Bus, in Unterkunft, Wellness, Massage, Kirche, Ruheraum, gutes Essen, Auswahl, Ordnung	

Anhang 18: Brainstorming Szenario 1

Szenario 1:

In Deutschland gilt die Devise des lebenslangen Lernens. Dieses Konzept ist für die jüngeren Generationen bereits selbstverständlich geworden. Es gibt neben den traditionellen Bildungseinrichtungen wie Schulen und Universitäten immer mehr alternative Möglichkeiten neues Wissen zu erlernen. Lernplattformen im Internet, Onlinekurse und Fernstudiengänge ergänzen Apps und Peer-to-Peer Lern-Angebote. Diese Alternativen Bildungsmöglichkeiten sind besonders in der Freizeit wiederzufinden und ermöglichen es individuelles und extrem spezielles Wissen für jeden zugänglich zu machen. ‚Traditionelles' Wissen wird hingegen weiter in den klassischen Bildungseinrichtungen gelehrt. Doch auch hier wird das Internet immer häufiger Teil der Wissensvermittlung. Zusätzlich zu der Offenbarung vielfältiger Lernmöglichkeiten durch die Digitalisierung und ihre Begleiterscheinungen, drückt die voranschreitende Individualisierung sich auch noch auf andere Art und Weise aus. Produkte sind teilweise selbst zusammenstellbar. Der Kunde kann aus Bausteinen sein eigenes Parfüm, seinen Computer oder seine Reise zusammenstellen. Auch komplett individualisierte Produkte sind mittlerweile für viele bezahlbar. In diesem Zuge legen Menschen Wert auf Freiheit und Flexibilität, auch um sich von der Masse abzuheben. Zusätzlich drückt sich der Hang zur Individualisierung dadurch aus, dass Extremsportarten immer beliebter werden. Denn sie dienen zur Abgrenzung und generieren besondere Erlebnisse. Die Technik hat, wie bereits erwähnt, neben dem Bildungssektor auch Einzug in den Freizeitsektor gehalten. Hier wird sie immer öfter dazu eingesetzt, Naturerlebnisse sicherer und interessanter zu gestalten und dient auch als Wissensvermittlung für spezialisiertes Wissen, welches in den klassischen Bildungseinrichtungen nicht vermittelt wird. Die Technik dient also Naturaufenthalte und Extremsportarten sicherer und interessanter zu gestalten und somit für mehr Menschen zugänglich zu machen. Im Zuge von einem gestiegenen Drang zur Selbstverwirklichung gilt es möglichst viel zu erleben, intensiv zu leben und seine Zeit nicht zu verschwenden. Naturaufenthalte werden ‚eventisiert' und perfektioniert und können über die digitalen Medien direkt mit anderen geteilt werden. Produkte werden nicht nur als Nutzen, sondern auch als Ausdruck eines bestimmten Lebensgefühls angesehen. Auch im Beruf soll sich diese Lebensart wiederfinden. Deswegen gehen viele Menschen Tätigkeiten nach, die ihnen Spaß machen. Der Verdienst rückt hierbei in den Hintergrund. Ebenso hat die Gesundheit in Deutschland einen hohen Stellenwert erreicht. Dies spiegelt sich vor allem darin wieder, dass immer mehr gesund gegessen wird und immer mehr Bio-Produkte konsumiert werden und die Menschen dazu bereit sind mehr Geld für ihre Ernährung, aber auch für ihre allgemeine körperliche Gesundheit, auszugeben. Deswegen gibt es immer mehr Protest gegenüber Massentierhaltung und Antibiotikanutzung in der Nutztierhaltung. Wellness und Sport werden zu immer beliebteren Freizeitbeschäftigungen. Gleichzeitig ist die Zahl der Raucher gesunken, auch unter den Jugendlichen. Die Individualisierung und Selbstverwirklichung spiegelt sich also sowohl in der Freizeit als auch im Berufsleben wieder. Gleichzeitig sind sich die Deutschen nicht darüber einig, wie mit den Themen Nachhaltigkeit oder Umwelt umzugehen ist. Einige legen viel Wert auf Umweltbewusstsein, Gerechtigkeit, Fair-Trade Produkte, oder erneuerbare Energien. Es gibt mehr Vegetarier und mehr Zertifizierungen für Umwelt bezogene Aspekte. Andere haben das Vertrauen in Nachhaltigkeit oder Umweltschutz durch Unzuverlässigkeit, falsche Versprechungen und Greenwash, verloren.

Anhang 19: Brainstorming Szenario 2

Szenario 2:

In Deutschland ist die Stimmung schlecht, was Umwelt, Nachhaltigkeit und Ökologie angeht. Durch viele falsche Versprechungen und Unzuverlässigkeit seitens der Industrie hat die Nachfrage nach Nachhaltigen Produkten abgenommen. Die Frauenarbeitsquote stagniert, Gleichberechtigung ist als Thema nicht mehr essenziell wichtig. Vor allem durch massenhaftes ‚Greenwash' haben die Deutschen das Vertrauen in viele Unternehmen, Organisationen, Produkte und Leistungen verloren. Währenddessen nimmt auch die Nachfrage nach Bio-Produkten ab. Auch hier ist fehlende Transparenz seitens der Industrie der Hauptgrund. Gleichzeitig gibt es in Deutschland immer mehr übergewichtige Menschen. Gesundheitsvorsorge und Sport sind für viele Personen kein Thema. Auch Unternehmen erfüllen in diesem Zusammenhang nur die gesetzlichen Vorschriften. Parallel zu diesen Aspekten sind Werte wie Freiheit oder Flexibilität besonders wichtig. Die Erfüllung der persönlichen Wünsche steht im Vordergrund vieler Menschen. Produkte und Dienstleistungen sind im Bausteinsystem oder komplett individuell gestaltbar. Genuss, Spaß und Freiheiten bestimmen einen Großteil der Lebensgestaltung. Die Bedeutung von Kirche und Religion hat abgenommen; Werte wie Hilfsbereitschaft oder soziale Verantwortung sind gleichzeitig in den Vordergrund gerückt. Auch die Haushaltszusammensetzung bleibt weiter sehr heterogen. Diese Heterogenität findet sich auch in anderen Lebensbereich wieder. Ein Teil der Bevölkerung sucht nach Selbstverwirklichung, Extremsportarten, Randsportarten und Aktivurlaub. Produkte drücken für diese Personen ein gewisses Lebensgefühl aus und die Freizeit wird intensiv genutzt. Es gilt ein besonders intensives Leben mit möglichst vielen individuellen Erlebnissen zu leben. Für diese Personen unterstützt die Technik die Erlebnisbildung und das Naturerlebnis. Mehr Menschen nutzen Angebote wie E-bikes, Funktionskleidung oder spezielle Apps für Smartphones um ihren Aufenthalt in der Natur zu planen. So sind für diese Personengruppe beispielsweise auch digitale Touren interessant. Erlebnisurlaube und Abenteuerurlaube gehören zu den bevorzugten Reiseformen dieser Personengruppe. Ein anderer Teil der Bevölkerung versucht eher der Schnelllebigkeit des Alltags zu entfliehen und sucht nach Ruhe und Entspannung. Für diese Menschen ist die Natur ein Rückzugsort den es zu schützen oder gar wiederherzustellen gilt. Die vorhandene Technik wird nicht dazu genutzt die Natur auf eine neue Art und Weise zu erleben, da nach einem besonders authentischen Erlebnis gesucht wird. Weil Authentizität eine große Rolle spielt, haben diese Personen auch wenig Lust auf Freizeitparks und Erlebniswelten. Der Drang nach Erholung ist bei diesen Menschen stärker als der nach neuen und extremen Erlebnissen.

xxiii

Anhang 20: Brainstorming Szenario 3

Szenario 3:

In Deutschland hat die Digitalisierung ihren Siegeszug im Bildungssektor verpasst. [klassischer Unterricht] Online-Lernplattformen, Do it yourself Einrichtungen und Videos oder Self-Tracking Tools für Smartphones, sowie Peer-to-Peer Konzepte kommen prinzipiell eher im Freizeitsektor vor und werden demnach in den traditionellen Bildungseinrichtungen allenfalls als Abwechslung eingesetzt. Die Wissensvermittlung findet weiterhin durch den Experten statt. Klassische Bildungsformen wie Schulen und Universitäten bieten Sicherheit und Verlässlichkeit was die Qualität der Bildung und des vermittelten Wissens angeht. Sie werden deswegen anerkannt um gewisse Standards für die Bildung zu erhalten und auch um Vergleichbarkeit der Ausbildungsstände möglich zu machen. Die stark fortschreitende Individualisierung schlägt sich deswegen nicht in der Bildung, sondern vor allem in der Wirtschaft wieder. Produkte und Dienstleistungen können fast immer individuell gestaltet, oder zumindest angepasst werden. Der Kunde wird aktiv in die Wertschöpfungskette mit einbezogen. Vor allem Reisen werden immer individueller und dienen oft als spezielles Erlebnis und als Abgrenzung zum Alltag und zu anderen Personen. Persönliche Wünsche und Ziele stehen im Vordergrund; gesellschaftliche Zwänge und Normen weichen immer mehr Freiheit und Flexibilität. Trotzdem hat sich ein allgemeines Umwelt- und Gesundheitsbewusstsein in der Bevölkerung entwickelt. Es gibt immer mehr erneuerbare Energien, mehr Fair-Trade und Bio Produkte und das Thema Nachhaltigkeit findet sich sowohl bei Firmen, als auch in Privathaushalten wieder. Protest gegen Massentierhaltung und Antibiotikanutzung in der Nutztierhaltung ist lauter geworden und viele Menschen ernähren sich vegetarisch oder versuchen ihren Fleischkonsum zu reduzieren. Parallel dazu wird Tierschutz immer wichtiger. Es wird mehr und besser recycelt und gleichzeitig Müll besser vermieden. Ein Bewusstsein für ganzheitliche Gesundheit von Körper und Geist hat sich entwickelt. Deswegen werden auch Wellness Angebote immer beliebter. Es gibt weniger Raucher und mehr Personen treiben regelmäßig Sport, auch weil es von Unternehmen gefördert und leichter gemacht wird. Umweltschutz wird immer wichtiger und wird teilweise noch als Add-on für Produkte, teilweise schon als must-have gesehen. Unterdessen hat sich auch das Zertifizierungssystem für Umweltaspekte und nachhaltige Angebote weiter verbessert. In diesem Zusammenhang werden auch Ausflüge und Erlebnisse in der Natur immer beliebter. Auf der einen Seite finden sich hierbei Personen, welche die Natur mit Hilfe von Technik (in Form von Apps, E-Bikes, Funktionskleidung oder Ähnlichem) neu erleben. Diese treiben auch immer öfter Sport in der Natur, da dies mit Hilfe von neuen Mitteln immer einfacher und massentauglicher wird. Auf der anderen Seite gibt es trotzdem noch viele Personen, die die Technik dazu nutzen wollen ein möglichst authentisches Naturerlebnis zu bekommen, die Natur zu schützen oder gar wiederherzustellen.

Anhang 21: Zusammenfassung Kommentare

Essen	Ausflüge	Unterkunft	Unterricht	Aktivitäten	Weiteres
schlechtes Essen	ausgebucht	Schimmel in Duschen	Anforderungen zu gering	nur für Jüngere gut	Busfahrer unfreundlich
schlechtes Essen	zu wenig Freizeit	nicht so schöne Duschen	zu leicht	nicht für Jungs gut	schlechtes Preis-Leistungs-Verhältnis
zu wenig Getränke, nur Chlorwasser	zu wenig Infos	ungepflegt	zu einfach	nicht für Jungs gut	zu langer Transfer
schlechtes Essen, zu wenig Getränke	keine schönen Ausflüge	entäuschender Intensivkurs	Lehrer unmotiviert, nur gebastelt	langweilig	schlechtes Preis-Leistungs-Verhältnis
nicht gut, aushaltbar	wurden zugewiesen, zu wenig Plätze	nur gebastelt	nicht viel gelernt		schlechte Organisation
sehr schlecht, zu wenig, vergammelt	nicht alles Angebote, schlechte Orga	heruntergekommen	zu viel Deutsch	langweilig	Zimmer / Toiletten nicht abschließbar
nicht abwechslungsreich		dreckig und heruntergekommen	kein großer Lernforschritt	zu viel Deutsch	zu wenig Pausen bei Anreise
nicht abwechslungsreich		verschimmelte Duschen	nicht international genug	nicht für Jungs gut	zu große Altersspanne
nicht abwechslungsreich		Schimmel in Duschen	nicht genug Lernfortschritt	nicht genug Abwechslung	Fahrt zum Flughafen zu früh
nicht ausreichend essen,		dreckig und unhygienisch	zu homogen,	nicht genug Abwechslung	fehlende Flexibilität
kein warmes Mittagessen			kein Lernforschritt	schlecht und wenig unterhaltsam	und Kundenfreundlichkeit
nicht abwechslungsreich,		duschen und Betten schlimm	zu homogen,	langweilig und nur für Jüngere	Abreisetag schlecht organisiert
nur Chlorwasser		dreckig, verstopfte Dusche	kein Lernerfolg	uninteressant	zu viele Deutsche
nicht so gut		sehr schmutziges Bad	schlechter Intensivkurs	verbessern	7 Stunden wartetet auf Bus
wenig abwechslungsreich		benutztes Bett, dreckig	nicht international genug	nicht altersgerecht	zu viele Deutsche
widerliches essen		Bad schimmelig	zu große Gruppen,	langweilig	Anreise schlecht organisiert
nicht abwechslungsreich und			keine Niveauunterteilung	Programm hat teilweise	
grauenhaft schlecht		Dusche schimmelig, dreckig	zu große Gruppen, keine	nicht stattgefunden	Abreistag schlecht organisiert
wenig Auswahl und		nicht gut geputzt	Niveauunterteilung	schlecht und wenig unterhaltsam	mangelhafte Aufsicht
schlechte Qualität		Gastfamilie hat sich	Anforderungen zu gering	zu wenige Angebote	es war de viel gelaut
gewöhnungsbedürftig		nicht gekümmert	Anforderungen zu gering	zu teuer	teilweise unfreundliche Betreuer
schlecht, zu wenig und		schimmelig	wenig Lernforschritt	zu teuer	teilweise unfreundliche Betreuer
falsche Zeiten		dreckig und schimmelig	Lehrerin überfordert		
ungenießbar		Gastfamilie unfreundlich	unsaubere Waschräume		
nicht so gut		schimmelig			
unter aller Sau		schlechte Gastfamilien			
inakzepabel		schimmelig			
kein essen am Abreisetag		Beschwerde über Unterkunft			
nicht so gut		schlecht			
grauenhaft		Gastfamilie und Unterkunft			
ekelig mit Läusen am Salat		Zumutung			
und nur Pommes		dreckig			
sehr schlecht, zu wenig		dreckig, gefährlich gelegen			
schlecht		dreckig			
Fruit'n'Fit Corner nicht					
abwechslungsreich		Dusche Verstopft			
und wurde nicht aufgefüllt					
essen zum kotzen					
schlechtes essen					
schlecht					
Chlorwasser					
ungenießbar					
zu wenig zu essen					
nicht lecker					
schlechtes Fastfood essen					
zu wenig und nicht vollwertig					
nicht lecker					
teilweise ungenießbar					
kaum essbar					
schlechtes essen					

XXV

SCHRIFTENREIHE DER SCHOOL OF INTERNATIONAL BUSINESS
Internationaler Studiengang für Tourismusmanagement (ISTM)

Herausgegeben von Felix Bernhard Herle

ISSN 1863-9798

1 *Katharina Schirmbeck*
  Markenbildung für Regionen
  Dachmarkenkonzepte im deutschen Regionalmarketing
  ISBN 3-89821-689-6

2 *Stefanie Kranawetter und Ivonne Mühlner*
  Erfolgreiches Krisenmanagement für Reiseveranstalter
  Ein Handbuch für plötzlich auftretende Krisen im Tourismus
  ISBN 978-3-89821-835-1

3 *Angela Bergner*
  Tourismus als Mittel zur Armutsminderung in Nepal
  Das "Tourism for Rural Poverty Alleviation Programme" (TRPAP)
  ISBN 978-3-89821-853-5

4 *Felix Bernhard Herle*
  Strategische Planung grenzenloser Destinationen
  Vertikale und branchenübergreifende Erweiterung Touristischer Regionen
  ISBN 978-3-89821-908-2

5 *Birte Heidbreder*
  Gütesiegel zur Einflussnahme auf die touristische Entwicklung einer Destination
  Erfolgsanalyse des CST Costa Ricas für nachhaltigen Tourismus
  ISBN 978-3-89821-986-0

6 *Linda von Nerée*
  Das touristische Potential Hamburgs für chinesische Europa-Reisende
  Eine Bestandsanalyse mit konkreten Veränderungsvorschlägen
  ISBN 978-3-89821-780-4

7 *Joana Heinemann*
  Mountainbike-Tourismus im Wettbewerb
  Zielgruppenorientierte Optimierung von Packages im Destinationsmarketing
  ISBN 978-3-8382-0167-2

8 *Tina Böttinger*
  Die Entwicklung der Erlebnisorientierung
  Status quo und Perspektiven in der Kreuzfahrt- und Themenparkbranche
  ISBN 978-3-8382-0259-4

9 *Moritz Busch*
  Kooperationspotenziale von Lufthansa und Germanwings aus Konsumentenperspektive
  Eine Untersuchung zu Einflussfaktoren auf die konsumentenperspektivische Akzeptanz von Kooperationen konträrer Geschäftsmodelle
  ISBN 978-3-8382-0456-7

10 *Stefanie Schmaus*
    A Brand Identity for the Frisian Wadden Sea
    Destination Branding on the Basis of Destination Image Analysis
    ISBN 978-3-8382-0490-1

11 *Maike Radermacher*
    Musizierende Jugend auf Reisen
    Konzeptentwicklung einer Musik-Reise für den deutschen Jugendreisemarkt
    ISBN 978-3-8382-0527-4

12 *Sophia Will*
    Trends für Jugendsprachreisen
    Wie sich Unternehmen im Jugendsprachreisemarkt zukunftsfähig aufstellen können
    ISBN 978-3-8382-0659-2

Sie haben die Wahl:

Bestellen Sie die
*Schriftenreihe der School of International Business –
Internationaler Studiengang für Tourismusmanagement (ISTM)*
einzeln oder im **Abonnement**

per E-Mail: vertrieb@ibidem-verlag.de | per Fax (0511/262 2201)
als Brief (*ibidem*-Verlag | Leuschnerstr. 40 | 30457 Hannover)

Bestellformular

☐ Ich abonniere die *Schriftenreihe der School of International Business – Internationaler Studiengang für Tourismusmanagement (ISTM)* ab Band #____

☐ Ich bestelle die folgenden Bände der *Schriftenreihe der School of International Business – Internationaler Studiengang für Tourismusmanagement (ISTM)*

#____; ____; ____; ____; ____; ____; ____; ____; ____; ____

Lieferanschrift:

Vorname, Name ....

Anschrift ....

E-Mail................................... | Tel.:...

Datum .... | Unterschrift....................................

Ihre Abonnement-Vorteile im Überblick:

- Sie erhalten jedes Buch der Schriftenreihe pünktlich zum Erscheinungstermin – immer aktuell, ohne weitere Bestellung durch Sie.
- Das Abonnement ist jederzeit kündbar.
- Die Lieferung ist innerhalb Deutschlands versandkostenfrei.
- Bei Nichtgefallen können Sie jedes Buch innerhalb von 14 Tagen an uns zurücksenden.

ibidem-Verlag
Melchiorstr. 15
D-70439 Stuttgart
info@ibidem-verlag.de

www.ibidem-verlag.de
www.ibidem.eu
www.edition-noema.de
www.autorenbetreuung.de

www.ingramcontent.com/pod-product-compliance
Lightning Source LLC
Chambersburg PA
CBHW051813230426
43672CB00012B/2722